XENOS BIBLIOTHEK

LÄNDER & VÖLKER

ISBN 3-8212-2687-0

Am Hehsel 40, 22339 Hamburg
Übersetzung: Olaf Hille, Hamburg
Lektorat: Dieter Schmidt, Wohltorf
Satz: Olaf Hille, Hamburg
Die Originalausgabe erschien 2001 bei
Miles Kelly Publishing Ltd.
Bardfield Centre, Great Bardfield, Essex, CM7 4SL
unter dem Titel
1000 Facts on World Geography

Printed in Italy

XENOS BIBLIOTHEK

LÄNDER & VÖLKER

John Farndon

Berater: Keith Irvine

XENOS

Inhalt

Symbole

Asien

Nord- und Südamerika

Europa

Afrika, Australien, Ozeanien

Menschen

Orte

Inhalt

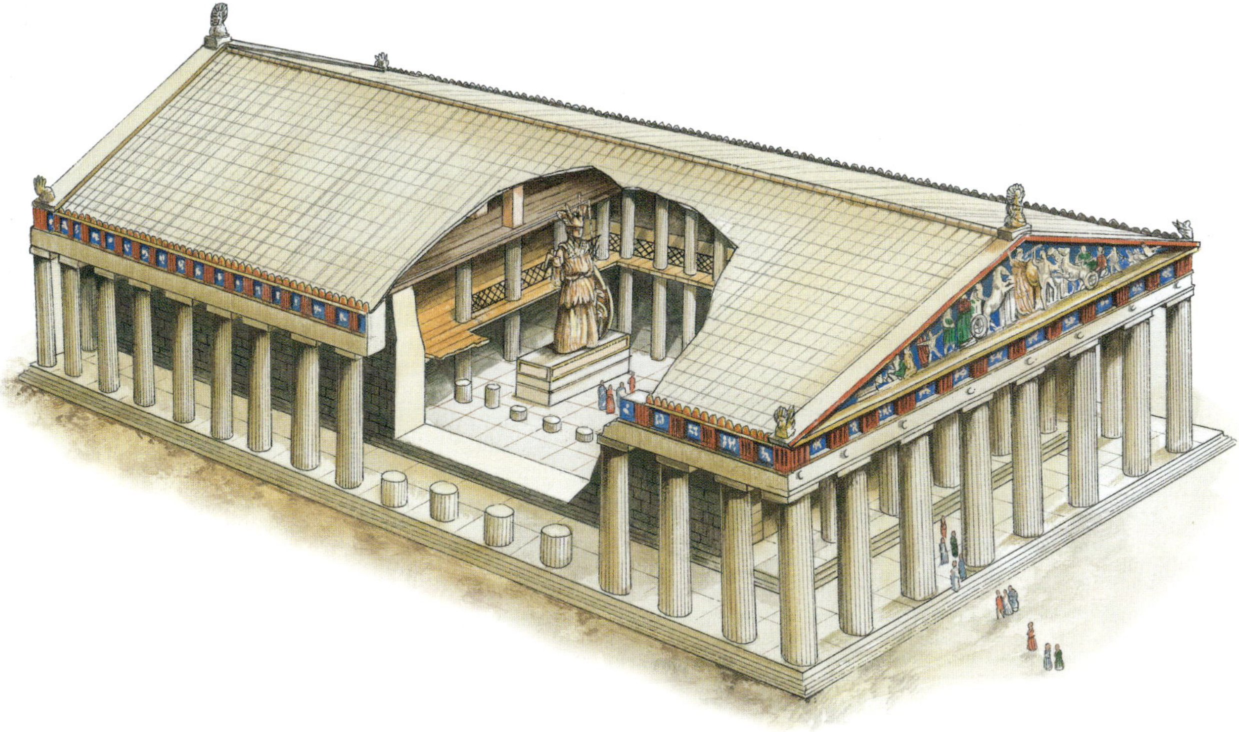

Kanada

▲ *Die 1885 fertig gestellte Transkontinentaleisenbahn quer durch Kanada gilt als eine der größten Ingenieurleistungen des 19. Jahrhunderts.*

- **Hauptstadt:** Ottawa. Fläche: 9.984.670 km². Währung: Kanadischer Dollar. Sprachen: Englisch und Französisch.
- **Höchster Berg:** Mount Logan (5.951 m). Längster Fluss: Mackenzie (4.241 km).
- **Einwohner:** 30,3 Mio. Bevölkerungsdichte: 3/km². Lebenserwartung: Männer 76,1 Jahre, Frauen 81,8 Jahre.

- **Bruttosozialprodukt:** 608 Mrd. Euro, 19.640 Euro pro Kopf.
- **Exportgüter:** Fahrzeuge und Fahrzeugteile, Maschinen, Erdöl, Aluminium, Holz, Weizen.
- **Kanada** ist das zweitgrößte Land der Welt.
- **Drei Viertel** der kanadischen Bevölkerung leben in einem Gürtel von 100 km Breite entlang der Südgrenze der USA. Der Rest des Landes ist nur dünn besiedelt.
- **Nur 5%** des Landes werden landwirtschaftlich genutzt. In den Prärie-Provinzen Saskatchewan, Alberta und Manitoba wird Weizen angebaut und Viehzucht betrieben.
- **Kanada** besitzt 10% der Waldflächen der Erde und ist der größte Exporteur von Holzprodukten und Papier.
- **Die Inuit** (Eskimos) im äußersten Norden des Landes erhielten ihr ursprüngliches Land 1999 vom kanadischen Staat wieder zurück.

Die USA

- **Hauptstadt:** Washington DC. Fläche: 9.809.155 km^2. Währung: US-Dollar. Sprache: Englisch.
- **Höchster Berg:** Mount McKinley (6.194 m). Längster Fluss: Mississippi-Missouri-Red-Rock (6.019 km).
- **Einwohner:** 278,1 Mio. Bevölkerungsdichte: 28/km^2. Lebenserwartung: Männer 73,4 Jahre, Frauen 80,1 Jahre.
- **Bruttosozialprodukt:** 8.650 Mrd. Euro, 31.330 Euro pro Kopf.
- **Exportgüter:** Flugzeuge, Fahrzeuge, Chemikalien, Maschinen, Elektronik, Kohle, Erdöl, Mais, Weizen, Soja.
- **Die amerikanischen Ureinwohner** lebten bereits 15.000 Jahre in Nordamerika, als die Europäer im 16. Jhdt. ankamen und langsam nach Westen vordrangen und die Indianer verdrängten. 1788 gründeten englische Siedler die Vereinigten Staaten von Amerika, heute die älteste Demokratie der Welt mit einer berühmten Verfassung.
- **Die USA** sind flächenmäßig das viertgrößte und nach Einwohnern das drittgrößte Land der Erde.
- **Die USA** sind der Hauptverbraucher von Energie, Erdöl, Kupfer, Blei, Zink, Aluminium, Mais, Kaffee und Kakao. Außerdem sind sie der Hauptproduzent von Mais und Aluminium und gehören zu den fünf wichtigsten Lieferanten von Energie, Erdöl, Kupfer, Blei, Zink, Weizen und Zucker.

◀ *Der Adler ist in den USA Symbol für Freiheit und Hoffnung.*

FASZINIEREND!
Jeder zweite Amerikaner besitzt einen Computer. Weltrekord!

Die Großen Seen enthalten ein Fünftel der Trinkwasservorräte der Erde.

1629 landeten die Pilgerväter mit der berühmten „Mayflower“ in Plymouth, Massachusetts.

Disney World in Orlando, Florida, ist einer der bekanntesten Themenparks der Welt.

Der Mississippi bildet an seiner Mündung in den Golf von Mexiko ein riesiges Delta.

▼ *Dank der Filme made in Hollywood kennt man in aller Welt den amerikanischen Traum vom Erfolg.*

▲ *Die USA sind das reichste und mächtigste Land der Erde. Hier leben fast 280 Mio. Menschen. Das Land bedeckt eine riesige Fläche vom klirrendkalten Alaska bis zu den heißen Sümpfen der Everglades in Florida.*

Westküste der USA

▲ *Der Sunset Boulevard in Los Angeles ist 30 km lang und aus vielen Filmen bekannt.*

- **Der Westen der USA** ist gebirgig. Die höchsten Berge mit mehr als 4.000 m gibt es in den Rockies und der Sierra Nevada.
- **Seattle** ist der Sitz der Computerfirma Microsoft und des größten Flugzeugherstellers der Welt, Boeing. Aus Seattle kommt auch die Coffeeshop-Kette Starbucks.
- **Los Angeles** (LA) ist flächenmäßig die größte Stadt der Erde.
- **Filmemacher** kamen 1907 wegen der Sonne Kaliforniens nach Hollywood, einem Vorort von Los Angeles. Heute ist dort das Zentrum der Filmindustrie.
- **Der St.-Andreas-Graben** bildet die Grenze zwischen zwei gewaltigen Kontinentalschollen. Wenn diese sich bewegen, gibt es in den Städten an der Westküste Erdbeben.

FASZINIEREND!
Im Silicon Valley bei San Francisco gibt es die meisten Elektronikfirmen auf der Welt.

▲ *Bis 1964 war die Golden-Gate-Brücke in San Francisco die längste Hängebrücke der Welt. Sie wurde 1937 erbaut und hat eine Gesamtlänge von 2.737 m. Die beiden Pfeiler ragen 227 m in die Höhe.*

- **Die Golden-Gate-Brücke** hat ihren Namen nach dem Goldrausch von 1849, als Tausende von Goldsuchern nach Kalifornien kamen.
- **Kalifornien** ist bekannt als der „Sonnenstaat“.
- **Das San-Joaquin-Tal** in Kalifornien ist eines der bedeutendsten Weinanbaugebiete der Welt.

Yellowstone-Park

▲ *Der Yellowstone-Park ist ein Schutzgebiet für Bisons, die im 19. Jhdt. fast ausgerottet wurden, was den Indianern des Mittelwesten ihre Lebensgrundlage nahm.*

- **Der Yellowstone-Park** wurde im März 1872 durch einen Kongressbeschluss gegründet und ist damit der älteste Nationalpark der USA.
- **Der Yellowstone-Park** ist mit 8.982 km^2 rauen Berglands und spektakulären, tiefen Tälern einer der größten Nationalparks der Welt.
- **Der Yellowstone-Park** liegt in den Staaten Wyoming, Montana und Idaho.
- **Der Yellowstone-Park** ist berühmt für seine Seen und Flüsse, wie den Yellowstone-See und den Snake River.
- **Der Yellowstone-Park** ist größtenteils von Nadelbäumen und Pappeln bedeckt. Außerdem wachsen dort zahlreiche Wildblumen.

- **Im Yellowstone-Park** leben Wildtiere wie Bisons, Elche, Bären und Wölfe.
- **Im Yellowstone-Park** gibt es 10.000 heiße Quellen und 200 Geysire.
- **Der berühmteste Geysir** ist der *Old Faithful*, der etwa einmal pro Stunde aktiv wird. Mit 115 m der höchste ist der *Steamboat* (Dampfschiff).
- **Vor über zwei Millionen Jahren** gab es in Yellowstone einen gewaltigen Vulkanausbruch. Dabei wurde so viel Lava ausgeworfen, um sechs Mal den Fudschijama nachzubilden.
- **Es gibt Anzeichen dafür,** dass ganz Yellowstone sich möglicherweise bald in einen „Supervulkan“ verwandeln und als solcher ausbrechen könnte.

▲ *Der Yellowstone-Park liegt in einem Vulkangebiet mit zahlreichen Geysiren und heißen Quellen. Möglicherweise gibt es dort in naher Zukunft den größten Vulkanausbruch aller Zeiten.*

Neuengland

- **Neuengland** nennt man sechs Staaten im Nordosten der USA – Maine, Vermont, New Hampshire, Massachusetts, Rhode Island und Connecticut.
- **Neuengland** war eines der ersten Gebiete in Nordamerika, die im 15. Jhdt. von Europäern besiedelt wurden.
- **Die ältesten Gebäude der USA** befinden sich in Neuengland.

▶ *Die Harvard Universität in Boston ist die älteste Hochschule in den USA.*

- **Neuengland** ist berühmt für seine schönen kleinen Städte aus dem 18. und 19. Jahrhundert mit weißen Häusern im Kolonialstil und schönen alten Kirchen.
- **Vermont** bedeutet „grüne Berge“. In keinem anderen Bundesstaat der USA leben weniger Menschen in Städten als hier.
- **Basketball** wurde 1891 in Massachusetts erfunden.

▲ *Neuengland ist berühmt für seinen farbenprächtigen „Indian Summer“, wenn die Blätter der Bäume im Herbst sich rot und gold färben.*

- **Boston** ist eine der ältesten Städte der USA. Hier gibt es auch eine große Zahl von Ausbildungs- und Forschungsinstituten. Die Harvard Universität befindet sich im nahe gelegenen Cambridge, Yale in Connecticut.
- **New Hampshire** ist berühmt für seine wundervolle Landschaft.

FASZINIEREND!

Rhode Island ist der kleinste Bundesstaat der USA und wird deshalb oft „Little Rhody“ genannt.

New York

- **New York City** ist die größte Stadt der USA und mit acht Millionen Einwohnern eine der größten der Welt.
- **Mehr als 21 Millionen Menschen** leben im Großraum New York.
- **New York hat fünf Bezirke:** Manhattan, Brooklyn, die Bronx, Queens und Staten Island.
- **Manhattan** ist der älteste Teil der Stadt. Hier gibt es viele interessante Orte wie den Central Park, Greenwich Village, das Rockefeller Center und die Wall Street.
- **Das 381 m hohe Empire State Building** an der Fifth Avenue ist eines der höchsten und berühmtesten Gebäude der Welt.
- **Der Holländer** Peter Minuit soll den Irokesen die Insel Manhattan für Tand im Wert von 24 Dollar abgekauft haben.

...**FASZINIEREND!**...
New York hat den größten Hafen und ist das Handelszentrum der USA und das Finanzzentrum der Welt.

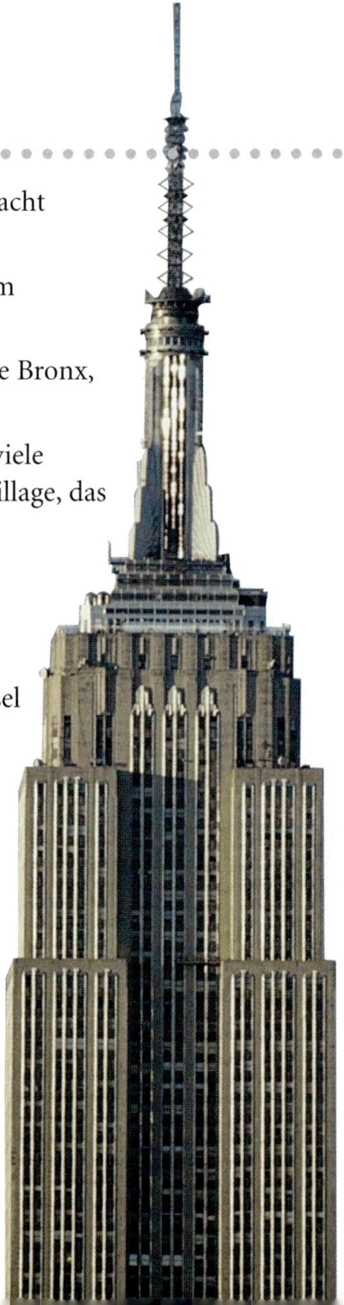

▶ *Das Empire State Building ist das „Achte Weltwunder" der Neuzeit. Es ist nicht nur ein Bürogebäude, sondern ein Wahrzeichen New Yorks.*

▼ *Die Freiheitsstatue war ein Geschenk Frankreichs an die USA und „bewacht“ seit 1884 die Einfahrt in den Hafen von New York.*

- **New York** wurde 1614 als holländische Siedlung Fort Orange gegründet und 1664 in New York umbenannt.
- **New Yorks** berühmtes Finanzzentrum, die Wallstreet, hat seinen Namen nach einer Schutzmauer, die holländische Siedler 1653 errichtet hatten.

Grand Canyon

- **Der Grand Canyon** im Bundesstaat Arizona im Südwesten der USA ist eine der eindrucksvollsten Schluchten der Welt.
- **Der Grand Canyon** ist ca. 450 km lang. An einigen Stellen ist er weniger als einen Kilometer, anderswo bis 30 km breit.
- **Der Grand Canyon** ist an manchen Stellen so schmal, dass ihn waghalsige Stuntmen schon mit dem Motorrad übersprungen haben.
- **Der Grand Canyon** ist ca. 1.600 m tief.

▼ *Der 1936 fertig gestellte Boulder-Staudamm wurde 1947 nach dem gleichnamigen Präsidenten in Hoover-Staudamm umbenannt.*

- **Am Grunde des Canyons** kann es bis zu 14° C wärmer sein als oben. Während es im Jahresdurchschnitt oben 660 mm Regen sind, kommen unten nur 180 mm an.
- **Der Grand Canyon** wurde vom Colorado-Fluss im Verlaufe vieler Mio. Jahre in das Colorado Plateau hineingeschnitten.
- **Je tiefer sich der Fluss** in das Plateau hineinschnitt, desto mehr unterschiedliche Schichten aus Sandstein, Schiefer und anderem Gestein wurden sichtbar.
- **Der Colorado** ist mit 2.334 km einer der längsten Flüsse der USA.
- **Der Hoover-Staudamm** ist mit 221 m einer der höchsten Betondämme der Welt.
- **Durch den Hoover-Staudamm** wird mit dem 185 km langen *Lake Mead* der größte künstliche See Amerikas gebildet.

▲ *Wenn die Abendsonne ihre Schatten wirft, zeichnen sich die unterschiedlichen Gesteinsschichten an den steilen Wänden des Grand Canyon deutlich ab.*

Menschen in Nordamerika

- **82%** der Bevölkerung Nordamerikas sind weiße Nachfahren europäischer Einwanderer.
- **Kleinere Gruppen** bilden mit 12% die Afroamerikaner, 3% die Asiaten und 1% die Indianer.
- **Hispanics** zählen weiße und schwarze Amerikaner und Spanisch sprechende, lateinamerikanische Indios aus Mexiko, Puerto Rico und Kuba zu ihren Vorfahren. Diese Gruppe macht 9% der Bevölkerung aus.
- **92%** der Einwohner Nordamerikas sind dort geboren. Viele neue Einwanderer sind Hispanics.
- **Die Ureinwohner** Nordamerikas sind die Indianer, die schon tausende Jahre vor Eintreffen der Europäer hier lebten.

◀ *Die Ureinwohner Nordamerikas, die Indianer, wurden von europäischen Siedlern verdrängt.*

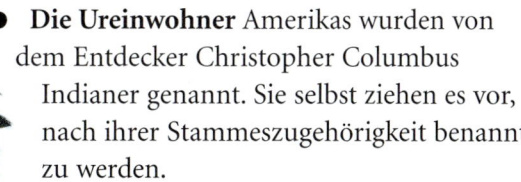

- **Die Ureinwohner** Amerikas wurden von dem Entdecker Christopher Columbus Indianer genannt. Sie selbst ziehen es vor, nach ihrer Stammeszugehörigkeit benannt zu werden.
- **In den USA** gibt es mehr als 540 verschiedene Stämme. Die größten sind die Cherokee, Chuppewa, Choctaw, Navajo und Sioux.
- **Die meisten Afro-Amerikaner** sind Nachfahren von Sklaven, die zwischen 1600 und 1860 nach Amerika gebracht worden waren.
- **Die meisten europäischen Einwanderer** vor 1820 stammten aus Großbritannien. Deshalb wurde Englisch die Hauptsprache.
- **Viele Amerikaner** sprechen Spanisch und viele Kanadier Französisch.

◀ *Ein Sioux-Häuptling. In der Schlacht am Wounded Knee im Jahre 1890 wurden viele Sioux-Indianer von der US-Kavallerie getötet.*

Amerikanische Küche

▲ *Die amerikanische Apfelpastete (Apple Pie) ist so typisch für Amerika, dass man sagt: „Amerikanisch wie Apfelpastete".*

- **Viele amerikanische Gerichte** stammen ursprünglich aus Europa.
- **Hamburger** wurden im 19. Jhdt. von deutschen Einwanderern in die USA gebracht. Heute sind sie das bekannteste amerikanische Gericht überhaupt.
- **Frankfurter** Würstchen kamen aus der deutschen Stadt Frankfurt. Der Journalist Thomas Dorgan taufte sie „Hot Dogs", als sie ihm 1906 auf Coney Island in einem Brötchen serviert wurden.

- **Die Pizza** kam aus Italien, die erste Pizzeria wurde aber 1905 in New York eröffnet. Ihren Siegeszug trat sie nach 1945 an.
- **Der Bagel** ist ein hufeisenförmiges Brötchen, das der Legende nach 1683 in Wien zu Ehren der polnischen Reiterei gebacken wurde, die bei der Verteidigung der Stadt gegen die Türken geholfen hatte. Jüdische Einwanderer brachten ihn nach New York.
- **Selbstbedienungs-Restaurants** entstanden um 1849 während des Goldrauschs in San Francisco.
- **Das erste Schnellrestaurant** der Welt, das White Castle, wurde 1921 in Wichita, Kansas, eröffnet.
- **McDonald's** ist mit 20.000 Niederlassungen die größte Schnellrestaurant-Kette der Welt.
- **Zu Hause** essen die Amerikaner am liebsten Beefsteaks, Hühnchen und Schinken mit Kartoffeln und Salat. Man isst aber auch gern auswärts – nicht nur Hamburger mit Pommes frites, sondern auch chinesisch, italienisch und mexikanisch.

▲ *Der amerikanische Hamburger hat sich durch Schnellrestaurant-Ketten über die ganze Welt verbreitet. Pro Minute werden in den USA 45.000 Hamburger verzehrt.*

Mittelamerika

- **Die Länder Mittelamerikas sind:** Mexiko, Guatemala, Belize, El Salvador, Honduras, Nicaragua, Costa Rica und Panama.
- **Mexiko:** Hauptstadt: Mexiko-Stadt. Bevölkerung: 94,3 Mio. Währung: Peso. Sprache: Spanisch.
- **Mexiko-Stadt** ist mit über 20 Mio. Einwohnern die größte Stadt der Welt.
- **Die meisten Länder Mittelamerikas** wurden im 20. Jhdt. durch Revolutionen und Bürgerkriege erschüttert. Heute hat sich die Lage beruhigt.
- **Mexiko** ist neben Brasilien das Land mit den größten Auslandsschulden (ca. 150 Mrd. Euro) und zahlt pro Jahr 37 Mrd. Euro an andere Länder zurück.
- **Die meisten Einwohner** Mittelamerikas arbeiten in der Landwirtschaft, entweder für den Eigenbedarf oder auf Plantagen.
- **Mais** wird in Mexiko seit 7.000 Jahren angebaut, u.a. um daraus Tortillas (Maispfannkuchen) zu machen.

Mexiko

Guatemala

Belize

Honduras

El Salvador

Nicaragua

Costa Rica

Panama

▲ *Der Panama-Kanal durchschneidet Mittelamerika. Er verbindet Atlantik und Pazifik und erspart Schiffen weite Reisen.*

- **Bananen** sind für die mittelamerikanischen Länder der wichtigste Exportartikel. Für Honduras machen sie ein Drittel des Exports aus. Während Bananen im Flachland angebaut werden, sind Kaffeebohnen die wichtigsten Waren in Hochlandgebieten wie Nicaragua, Guatemala, Costa Rica und El Salvador.
- **Die meisten Mexikaner** sind Mestizen, Kinder spanischer Siedler und Indios.

Mexiko

- **Hauptstadt:** Mexiko-Stadt. Fläche: 1.972.545 km². Währung: Mexikanischer Peso. Sprache: Spanisch.
- **Höchster Berg:** Pico de Orizaba (5.747 m). Längster Fluss: Rio Bravo (2.100 km).
- **Einwohner:** 94,3 Mio. Bevölkerungsdichte: 47/km². Lebenserwartung: Männer 69,5 Jahre, Frauen 75,5 Jahre.

▲ *Mexiko liegt südlich der USA, zwischen dem Golf von Mexiko und dem Pazifischen Ozean.*

- **Bruttosozialprodukt:** 348,6 Mrd. Euro, 3.700 Euro pro Kopf.

- **Exportgüter:** Erdöl, Fahrzeuge, Maschinen, Baumwolle, Kaffee, Fisch, Düngemittel, Mineralien.
- **Mexiko** ist sehr gebirgig. Obwohl nur 12% des Landes landwirtschaftlich nutzbar sind, ist die Lava-Erde sehr fruchtbar. In Gebieten mit ausreichend Regen gibt es große Tabak-, Kaffee-, Zuckerrohr-, Baumwoll- und Gummibaumplantagen.
- **Über die Hälfte** der Exporterlöse Mexikos stammt aus Fabrikprodukten, hauptsächlich Autos.

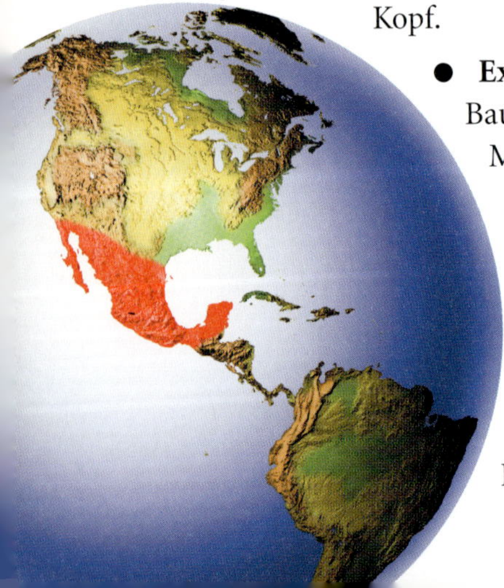

- **Mexiko** hat eine rasant wachsende Bevölkerung. Die Geburtenrate ist hoch und 50 % der Bevölkerung sind unter 25 Jahren alt.
- **Die meisten Mexikaner** sind *Mestizen*, Kinder aus Ehen von spanischen Siedlern und Indios.
- **Mexiko-Stadt** ist eine der größten, geschäftigsten und schmutzigsten Städte der Welt. Im Stadtgebiet leben über 20 Mio. Menschen und diese Zahl steigt durch Landflucht sprunghaft an.

◀ Der Golf von Mexiko entstand vor etwa 200 Mio. Jahren, als Nordamerika sich von Südamerika und Afrika löste.

Westindische Inseln

▲ *Dank der schönen Strände und des ganzjährig milden Klimas ist der Tourismus zur Haupteinnahmequelle Jamaikas geworden.*

- **Die vier größten Westindischen Inseln** sind Kuba, Hispaniola, Jamaika und Puerto Rico. Hispaniola ist in zwei Länder geteilt: Haiti und die Dominikanische Republik.
- **Kuba:** Hauptstadt: Havanna. Einwohner: 11,2 Mio. Währung: Kubanischer Peso. Sprache: Spanisch.
- **Jamaika:** Hauptstadt: Kingston. Einwohner: 2,59 Mio. Währung: Jamaikanischer Dollar. Sprache: Englisch.

▶ *Der kubanische Baumfrosch ist nur eine von zahlreichen Tierarten in Mittel- und Südamerika.*

- **Die Inseln** ziehen sich in einer lang gestreckten Kurve von Kuba nach Trinidad. Die Großen Antillen liegen am westlichen, die Kleinen Antillen am östlichen Ende der Westindischen Inseln.
- **Viele der Ureinwohner** der Westindischen Inseln starben bald nach Ankunft der Spanier im 16. Jhdt. an Krankheiten.
- **Die heutigen Einwohner** sind Nachfahren afrikanischer Sklaven, die auf den Zuckerrohrplantagen arbeiten mussten.
- **Obwohl die Sklaverei** Mitte des 19. Jhdts. abgeschafft wurde, sind die meisten Menschen heute arm und arbeiten für niedrige Löhne.
- **In Haiti** besitzt nur einer von 250 Einwohnern ein Auto; nicht einmal einer von zehn hat Telefon.
- **Viele Leute** arbeiten auf Zuckerrohr-, Bananen- oder Kaffeeplantagen und bauen auf einem kleinen Stück Land Produkte für den Eigenbedarf an.
- **Viele Touristen** kommen wegen des warmen Wetters und des sauberen, blauen Meers.

Venezuela und Nachbarn

- **Venezuela:** Hauptstadt: Caracas. Einwohner: 22,8 Mio. Währung: Bolivar. Sprache: Spanisch.
- **Kolumbien:** Hauptstadt: Bogota. Einwohner: 40 Mio. Währung: Kolumbianischer Peso. Sprache: Spanisch.
- **Guayana:** Hauptstadt: Georgetown. Einwohner: 825.000. Währung: Guayana-Dollar. Sprache: Englisch.

Venezuela

Kolumbien

Guyana

Suriname

▲ *Venezuela und seine Nachbarstaaten liegen an der Nordküste Südamerikas, an den tropischen Gewässern der Karibik.*

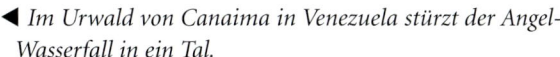

◀ *Im Urwald von Canaima in Venezuela stürzt der Angel-Wasserfall in ein Tal.*

- **Suriname:** Hauptstadt: Paramaribo. Einwohner: 425.000. Währung: Surinam-Gulden. Sprache: Niederländisch.
- **Französisch-Guyana:** Hauptstadt: Cayenne. Einwohner: 158.000. Währung: Euro. Sprache: Französisch.
- **Ölfunde** im Maracaibo-See machten 1917 Venezuela vom ärmsten zu einem der reichsten Länder Südamerikas.
- **Mit 980 m** ist der Angel-Wasserfall in Venezuela der höchste Wasserfall der Welt.
- **Die Yanomami** sind ein urzeitliches Volk, das in den entlegenen Gebieten Venezuelas überlebt hat und von der Jagd mit Speeren und dem Sammeln von Wurzeln und Früchten lebt.
- **Kourou** in Französisch-Guyana ist der „Weltraumbahnhof" der Europäischen Weltraumfahrt. Hier startet die Rakete *Ariane.*

Brasilien

◀ *Brasilien ist das fünftgrößte Land der Erde. Die meisten Menschen leben im Ostteil des Landes. Ein Großteil des Landes ist Grasland oder Regenwald.*

- **Hauptstadt:** Brasilia. Fläche: 8.512.000 km². Währung: Real. Sprache: Portugiesisch.
- **Höchster Berg:** Neblina (3.014 m). Längster Fluss: Amazonas (6.439 km).
- **Einwohner:** 163,7 Mio. Bevölkerungsdichte: 19/km². Lebenserwartung: Männer 63,1 Jahre, Frauen 71 Jahre.
- **Bruttosozialprodukt:** 820 Mrd. Euro, 4.790 Euro pro Kopf.
- **Exportgüter:** Eisenerz, Kaffee, Südfrüchte, Holz, Zucker, Fahrzeuge, Rindfleisch.
- **Brasilien** ist das Land mit den höchsten Auslandsschulden (ca. 200 Mrd Euro).
- **Brasilien** ist der größte Kaffeelieferant der Welt. Andere Produkte sind Soja, Zuckerrohr, Baumwolle, Orangen, Bananen und Kokosnüsse.
- **São Paulo** ist die am schnellsten wachsende Stadt der Welt, zurzeit leben dort 17 Mio. Menschen. In Städten wie Rio de Janeiro und São Paulo leben über 20 Mio. Menschen in Barackenstädten, den Favelas.

▲ *São Paulo ist die größte Stadt Brasiliens und die Hauptstadt der reichsten und am dichtesten bevölkerten Region von Brasilien, der Provinz São Paulo.*

- **Brasilianer** sind fußballverrückt. Kein Land hat öfter die Fußballweltmeisterschaft gewonnen.
- **Im Amazonasbecken** befindet sich der größte tropische Regenwald der Welt. Jedes Jahr wird ein Gebiet der Größe Irlands abgeholzt, um Tropenhölzer (Handel) abzubauen und Platz für Rinderweiden zu schaffen.

Der Amazonas

▲ *Der Pfeilgiftfrosch lebt in den Regenwäldern Mittel- und Südamerikas.*

- **Der Amazonas** ist der zweitlängste Fluss der Erde und führt mehr Wasser als jeder andere Fluss.
- **Im Amazonasbecken** befindet sich der mit einer Fläche von über sieben Mio. km^2 größte tropische Regenwald der Erde.
- **Die Temperaturen** im Amazonas-Regenwald beträgt durchschnittlich 27° C.
- **Im Amazonas-Regenwald** gibt es mehr Tier- und Pflanzenarten als sonstwo in der Welt.
- **Der Amazonas** ist Heimat für etwa 30.000 verschiedene Pflanzenarten, 1.500 Vogel- und 3.000 Fischarten.
- **Die Stadt Manaus** im Amazonasbecken hat über eine Million Einwohner und besitzt ein Opernhaus, das nach seiner Erbauung 19. Jhdt. sehr berühmt war.

- **Seit den sechziger Jahren** des letzten Jahrhunderts lässt die brasilianische Regierung Autobahnen und Flughäfen im Urwald bauen.
- **Gut 10 % des Waldes** sind Holzhandel, Bergbau und Viehzucht zum Opfer gefallen und für immer verloren.
- **Der Wald** kann unter Umständen wieder aufgeforstet werden, beherbergt aber weit weniger Tierarten als zuvor.

▼ *Der Amazonas bahnt sich seinen Weg durch den feuchten Regenwald. Während der Regenzeit fließt der Fluss langsamer und überschwemmt große Waldgebiete.*

... FASZINIEREND! ...
Im Amazonasbecken leben 30 Millionen Insektenarten.

Peru und Nachbarn

- **Peru:** Hauptstadt: Lima. Fläche: 1.285.216 km^2. Währung: Neuer Sol. Sprache: Spanisch.
- **Höchster Berg:** Huascaran (6.768 m). Längster Fluss: Amazonas (6.439 km).
- **Einwohner:** 24,4 Mio. Bevölkerungsdichte: 18/km^2. Lebenserwartung: Männer 65,9 Jahre, Frauen 70,9 Jahre.
- **Bruttosozialprodukt:** 63,7 Mrd. Euro, 2.610 Euro pro Kopf.
- **Exportgüter:** Kupfer, Blei, Fischprodukte, Eisen, Zink, Öl, Kaffee, Lama- und Alpakawolle, Baumwolle.

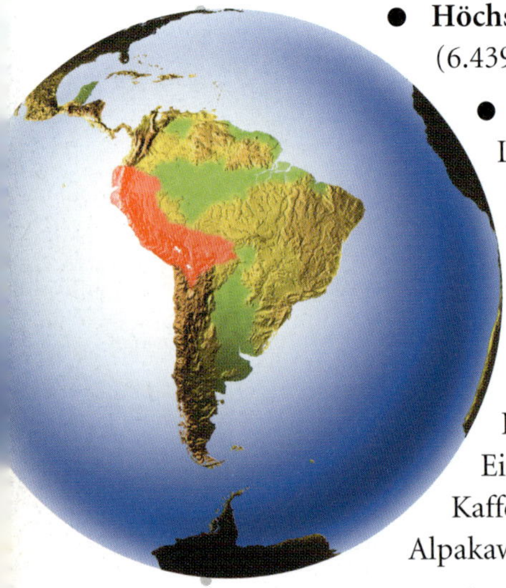

- **Peru** ist das drittgrößte Land Südamerikas. In der flachen Küstenregion liegt die Hauptstadt Lima, die größte Stadt des Landes. Im Landesinneren liegen die Berge der Anden, die von tiefen Schluchten durchzogen werden.
- **Peru** war das Zentrum des Inkareiches, das um 1520 von dem Spanier Pizarro erobert wurde. Heute hat es die größte Indiobevölkerung in ganz Südamerika.

▲ *Das Lama war für die Menschen in Peru jahrhundertelang die Hauptquelle für Fleisch und Wolle und wichtigstes Transportmittel.*

- **Peru** ist Hauptlieferant für Kupfer, Blei, Silber und Zink und ist wichtige Fischereination. Die meisten Menschen, besonders in den Bergregionen, sind arm. Um 1990 trat die Guerilla-Gruppe *Leuchtender Pfad* auf und sorgte für politische Unruhen.
- **Ecuador:** Hauptstadt: Quito. Einwohner: 11,9 Mio. Währung: US-Dollar. Sprache: Spanisch.
- **Bolivien:** Hauptstadt: Sucre, Regierungssitz: La Paz. Einwohner: 7,8 Mio. Währung: Boliviano. Sprache: Spanisch, Ketschua, Aimará.

▶ *Die Ruinen der Inkastadt Machu Picchu in den Anden.*

Chile

▲ *Chile ist sehr lang gestreckt und schmal – 4.270 km lang und weniger als 180 km breit.*

- **Hauptstadt:** Santiago de Chile. Fläche: 756.945 km². Währung: Peso. Sprache: Spanisch.
- **Höchster Berg:** Ojos del Salado (6.908 m). Längster Fluss: Bio-Bio (200 km).
- **Einwohner:** 14,6 Mio. Bevölkerungsdichte: 19/km². Lebenserwartung: Männer 72,3 Jahre, Frauen 78,3 Jahre.
- **Bruttosozialprodukt:** 77 Mrd. Euro, 4.820 Euro pro Kopf.
- **Exportgüter:** Kupfer, Eisen, Südfrüchte, Holz.
- **Chile** ist mit 75 Vulkanen eines der Länder mit der größten vulkanischen Aktivität. Hier befinden sich auch acht der höchsten Vulkane der Welt. Der höchste ist der Gaullatir (6.170 m).
- **Chile** ist ein wichtiges Weinanbauland.

- **Die Kupfermine** von Chuquicamata ist das größte von Menschen gemachte Loch der Welt, vier km lang und 670 m tief.

- **Chile** ist der größte Kupferproduzent der Welt.
- **Die Mapuche-Indianer** leben im Regenwald bei Temuco in Südchile und haben ihre Lebensweise bis heute erhalten.

▼ *Chiles großartige Landschaft reicht von dichtem Regenwald bis zu riesigen Gletschern, von der Atacama-Wüste bis zum Andengebirge. Dieser eindrucksvolle Wasserfall befindet sich am Bio-Bio-Fluss.*

Der Gran Chaco

- **Der Gran Chaco** ist ein riesiges Gebiet tropischen Graslandes in Argentinien, Paraguay und Bolivien.
- **Er bedeckt eine Fläche** von über 750.000 km² und ist damit etwa so groß wie Nordwest-Europa.
- **Dort wohnen** eingeborene Indianerstämme, wie die Gaicurú, Lengua, Mataco, Vilela, Zamuco und Tupi.
- **Das Wort *Chaco*** ist indianisch und bedeutet *Jagdland*, weil es reich an Wild ist. *Gran* ist spanisch und bedeutet *groß*.
- **Im Gran Chaco** werden Viehzucht und Baumwollanbau betrieben.
- **Im Osten** wurden Fabriken errichtet, um aus den Bäumen Tannin für die Lederproduktion herzustellen.
- **An einigen Stellen** wird das Gras bis zu drei Metern hoch.

▶ *Der Mähnenwolf lebt im südamerikanischen Grasland von Brasilien, Nord-Argentinien, Paraguay und Bolivien.*

▲ *Der Jaguar ist der größte Jäger im Gran Chaco und die größte Katze in Amerika. Anders als andere Katzen faucht er nicht, sondern macht ein Geräusch, das wie Niesen klingt.*

- **Im Gran Chaco** leben viele Wildtiere wie Pumas, Tapire und Riesengürteltiere.
- **Der Gran Chaco** ist das letzte Rückzugsgebiet für den Mähnenwolf.

...FASZINIEREND!...

Die Sedimente unter dem Gran Chaco reichen in eine Tiefe von über 3.000 m.

Argentinien

- **Hauptstadt:** Buenos Aires. Fläche: 2.766.889 km². Währung: Argentinischer Peso. Sprache: Spanisch.
- **Höchster Berg:** Aconcagua (6.960 m). Längster Fluss: Paraná (3.943 km).
- **Einwohner:** 35,6 Mio. Bevölkerungsdichte: 13/km². Lebenserwartung: Männer 69,7 Jahre, Frauen 76,8 Jahre.
- **Bruttosozialprodukt:** 325 Mrd. Euro, 8.950 Euro pro Kopf.
- **Exportgüter:** Mineralien, Weizen, Mais, Fleisch, Wolle, Tannin, Leinöl, Erdnüsse.
- **Die argentinische Landschaft** wird bestimmt durch die Pampas, ein riesiges Grasland, das sich bis zu den hohen Anden im Westen erstreckt.

◀ *In Teilen von Buenos Aires findet man Bezirke, die* barrios *genannt werden, mit in leuchtenden Farben bemalten Häusern.*

- **Die meisten Exportgüter** Argentiniens stammen aus den Pampas: Weizen, Mais, Fleisch und Wolle.

FASZINIEREND!
Patagonien bedeckt mehr als ein Viertel der Fläche Argentiniens, dort wohnen aber nur 3% der Einwohner.

- **Die 50 Millionen Rinder** auf den Pampas werden von den berühmten argentinischen Cowboys, den Gauchos, gehütet.
- **Argentinien** ist das Land Südamerikas mit dem höchsten Bildungsniveau. Ein Drittel der Schüler besuchen eine Hochschule.

▼ *Der Mount Fitzroy und der Cerro Torre im Fitzroy-Nationalpark sind beide über 4.000 m hoch.*

Menschen in Südamerika

- **Südamerika** hat über 500 Mio. Einwohner.
- **Vor der Eroberung** durch Spanier und Portugiesen im 16. Jhdt. lebten in Südamerika viele eingeborene Stämme.
- **Hauptbevölkerungsgruppen** sind heute Indios, Weiße, Schwarze (deren Vorfahren als Sklaven nach Südamerika gebracht worden waren) und Gemischtrassige.
- **Die meisten Menschen** in Lateinamerika sind gemischtrassig.
- **Die größte Mischlingsgruppe** sind die *Mestizen* (Vorfahren Indios und Weiße) und Mulatten (Vorfahren Schwarze und Weiße).
- **Mestizen** bilden die Mehrheit in Ländern wie Paraguay und Venezuela, Mulatten in Brasilien.
- **Die Europäer,** die nach Südamerika kamen, waren meistens Spanier und Portugiesen, deshalb sprechen fast zwei Drittel der Südamerikaner Spanisch.
- **Viele Indios** haben ihre eigene Sprache.
- **Ketschua** ist ebenso eine Indiosprache wie Aimará, die in Peru neben Spanisch ebenfalls Amtssprachen sind.

▶ *Am Amazonas leben kleine Stämme wie die Matses noch genauso wie vor Tausenden von Jahren.*

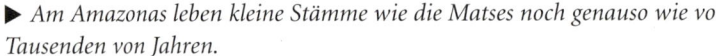

Großbritannien

- **Hauptstadt:** London. Fläche: 242.534 km². Währung: Pfund. Sprache: Englisch.

...FASZINIEREND!...
Über 60% der Arbeitskraft gehen in Finanz- und Dienstleistungsbereiche.

- **Höchster Berg:** Ben Nevis (1.343 m). Längster Fluss: Severn (320 km).

- **Einwohner:** 58,5 Mio. Bevölkerungsdichte: 239/km². Lebenserwartung: Männer 74,5 Jahre, Frauen 79,8 Jahre.
- **Bruttosozialprodukt:** 1.231 Mrd. Euro, 20.870 Euro/Kopf.
- **Exportgüter:** Chemikalien, Elektronik, Fleisch und Milchprodukte, Whisky, Finanzdienstleistungen, Musik, Bücher.
- **Großbritannien** besteht aus 4.000 Inseln mit 20.000 km Küste. Die beiden Hauptinseln sind Großbritannien und Irland. Zu Großbritannien gehören England, Schottland, Wales und Nordirland.
- **England** wird intensiv landwirtschaftlich genutzt, besonders im Süden, wo Weizen, Hafer, Raps, Zuckerrüben und Gemüse angebaut werden. Im feuchteren Westen und Norden Englands und in Schottland werden Rinder und Schafe gezüchtet.

▶ *Im 19. Jhdt. siedelten sich in den Kohlegebieten Nordenglands Stahlwerke und andere Schwerindustriebetriebe an.*

▶ *England ist das größte und am dichtesten besiedelte Land Großbritanniens. Wales ist ein hügeliges Land mit vielen Schaffarmen, nur im Süden gibt es bedeutende Industriebetriebe. Große Teile Schottlands sind wilde Moore und Täler. Ein Drittel der Bevölkerung Nordirlands lebt in Belfast.*

- **Die Industrielle Revolution** begann im 19. Jhdt. in Städten wie Manchester und Leeds. Heute haben es einige Städte im Norden schwer, während in Südengland die Wirtschaft floriert.
- **London** ist eines der größten Finanzzentren der Welt. Über 500 internationale Banken haben sich hier angesiedelt und täglich werden Milliardendollargeschäfte getätigt.

London

▲ *Das Parlamentsgebäude und der Turm mit der berühmten Glocke Big Ben wurden 1860 erbaut, nachdem ein Feuer das Vorgängergebäude zerstört hatte.*

- **London** ist die Hauptstadt und mit ca. 7 Mio. Einwohnern die bei weitem größte Stadt Großbritanniens.
- **Menschen** haben hier schon vor einigen tausend Jahren gelebt, aber die Stadt London hatte ihren Ursprung in der Römerzeit, als sie Londinium hieß.

> **. . . FASZINIEREND! . . .**
> 700.000 Menschen arbeiten bei Banken und Finanzfirmen, mehr als in jeder anderen Stadt der Welt.

- **Während des 19. Jhdts.** war London mit einer Million Einwohnern die größte Stadt der Welt und der Mittelpunkt des Britischen Weltreichs.

- **London** entstand vor ca. 1.000 Jahren aus zwei Städten, der Römerstadt London und dem sächsischen Westminster.
- **London** hat ca. 500.000 Industriearbeiter, aber die meisten Menschen arbeiten in Dienstleistungsfirmen, wie Verlagen und anderen Medien. London ist eines der wichtigsten Finanzzentren der Welt.
- **Acht Millionen Touristen** kommen jährlich nach London.
- **Londons** höchstes Gebäude ist mit 244 m der Canary Wharf Tower.
- **Vom größten Riesenrad** der Welt hat man einen großartigen Ausblick über die Stadt.

◀ *Der Canary Wharf Tower beherrscht Londons neuestes Geschäftsviertel, die Docklands.*

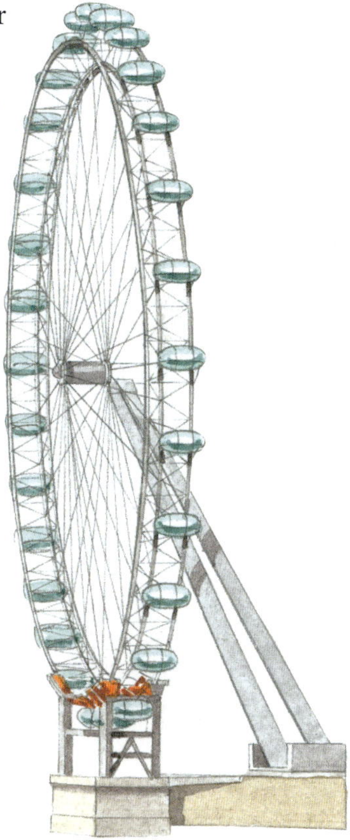

▲ *Eine Fahrt mit dem Riesenrad dauert eine halbe Stunde und führt auf eine Höhe von 50 m.*

Irland

- **Hauptstadt:** Dublin. Fläche: 70.282 km^2. Sprachen: Gälisch und Englisch. Zwei Drittel der Insel gehören zur Republik Irland, Nordirland zu Großbritannien.
- **Höchster Berg:** Carrauntoohil (1.041 m). Längster Fluss: Shannon (386 km).
- **Einwohner:** 3,6 Mio. Bevölkerungsdichte: $51/km^2$. Lebenserwartung: Männer 73,6 Jahre, Frauen 79,2 Jahre.
- **Bruttosozialprodukt (Republik):** 65,1 Mrd. Euro, 17.790 Euro pro Kopf.
- **Exportgüter (Republik):** Vieh, Molkereiprodukte, Whiskey, Maschinen, Chemikalien, Elektronik.
- **Torf** gehört zu den wenigen Energieträgern, die es in Irland gibt. Getrocknet wird es als Heizmaterial verwendet.

▲ *Blarney Castle in der Grafschaft Cork ist berühmt für den Stein von Blarney, der die Gabe der Beredsamkeit fördern soll.*

- **Irland** ist berühmt für seine Pubs und seine Folkmusik. Auf der Suche nach Arbeit ziehen viele junge Leute in die Städte oder in fremde Länder.

...FASZINIEREND!...
Irland züchtete mehr siegreiche Rennpferde als jedes andere Land der Welt.

- **Irland** und besonders Dublin haben in den letzten Jahren vor allem wegen ihrer erfolgreichen Hightech- und Computerindustrie einen großen wirtschaftlichen Aufschwung erlebt.
- **Die Unterhaltungsbranche** ist in Irland ein wichtiger Wirtschaftsfaktor. Zahlreiche irische und amerikanische Filme werden in Irland gedreht und irische Pop- und Folkmusiker bringen viel Geld ins Land.

▼ *Das Trinity College in Dublin ist die älteste Universität in Irland. Es wurde 1592 von Königin Elisabeth I. von England und Irland gegründet.*

Frankreich

▲ *Der Montblanc liegt an der französisch-italienischen Grenze.*

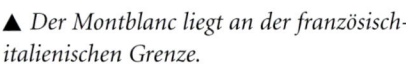

- **Hauptstadt:** Paris. Fläche: 543.965 km^2. Währung: Euro. Sprache: Französisch.
- **Höchster Berg:** Montblanc (4.807 m). Längster Fluss: Loire (1.005 km).
- **Einwohner:** 58,5 Mio. Bevölkerungsdichte: 105/km^2. Lebenserwartung: Männer 74,2 Jahre, Frauen 82 Jahre.
- **Bruttosozialprodukt:** 1.542 Mrd. Euro, 26.300 Euro pro Kopf.

- **Exportgüter:** Landwirtschaftliche Produkte, Maschinen, Chemikalien, Lebensmittel und Wein.
- **Frankreich** ist nach Russland der größte Lebensmittelproduzent in Europa. Im Norden und Westen werden Weizen, Zuckerrohr und andere Feldfrüchte angebaut und Milchvieh gehalten. Im wärmeren, trockeneren Süden werden Wein und Obst angebaut.
- **75%** der Energie werden in Atomkraftwerken produziert.
- **Frankreich** ist das größte Land in Westeuropa. Weite Teile des Landes sind von der Landwirtschaft dominiert. Städte wie Lyon oder Marseille sind bekannt für ihre Kultur. Gleichzeitig sind sie große Industriestandorte, denn Frankreich ist nach den USA, Japan und Deutschland die viertgrößte Industrienation der Welt.

...FASZINIEREND!...
Französische Winzer produzieren ein Viertel des Weins der Welt.

● **Die Franzosen** sind berühmt für ihre feine Küche, die sich in den letzten Jahren unter dem Namen *nouvelle cuisine* dem Zeitgeschmack angepasst hat.

▶ *Frankreich ist ein großes und enorm vielfältiges Land. Im Zentrum liegen die rauen Vulkanberge des Zentralmassivs, im Süden die warme, sonnenverwöhnte Mittelmeerküste. Der flache Norden und der Westen sind kühler. Im Südosten liegen die Alpen mit dem Montblanc. Die Pyrenäen erstrecken sich entlang der spanischen Grenze im Südwesten des Landes.*

Paris

...FASZINIEREND!...
Über die Hälfte aller französischen Geschäftsabschlüsse wird in Paris gemacht.

- **Paris** ist die Hauptstadt Frankreichs und mit über zwei Millionen Einwohnern auch die größte.
- **Paris** ist das Geschäfts- und Finanzzentrum Frankreichs, aber auch Sitz der Autoindustrie.
- **Paris** ist berühmt für Luxuswaren wie Parfüm und Mode.
- **Paris** ist bekannt für Restaurants wie das La Marée, Cafés wie Deux Magots und Nachtklubs wie das Moulin Rouge.
- **Die bekanntesten Bauwerke** von Paris sind der Eiffelturm, der Triumphbogen, Notre-Dame und das Beauborg Center.

◀ *Der 300 m hohe Eiffelturm wurde anlässlich des 100. Jahrestags der Französischen Revolution erbaut.*

▲ *Notre-Dame ist die wohl berühmteste gothische Kathedrale des Mittelalters.*

- **Paris** hat seinen Namen von dem keltischen Stamm der Parisii, der hier vor 2.000 Jahren lebte.
- **Julius Cäsar** sagte über die Parisii, sie seien schlau, erfindungsreich und würden sich ständig untereinander streiten. Einige Leute sagen, das gelte für die Pariser auch heute noch.
- **Paris** wurde in der Mitte des 19. Jhdts. auf Befehl von Napoleon III. von Baron Haussmann neu gestaltet.
- **Haussman** hat Paris u. a. die breiten, von Bäumen gesäumten Boulevards zu verdanken.

Niederlande und Belgien

- **Niederlande:** Hauptstadt: Amsterdam, Regierungssitz: Den Haag. Einwohner: 15,6 Mio. Währung: Euro. Sprache: Niederländisch.
- **Belgien:** Hauptstadt: Brüssel. Einwohner: 10,1 Mio. Währung: Euro. Sprachen: Französisch, Flämisch, Deutsch.
- **Ein Drittel der Niederlande** ist Land, das dem Meer abgewonnen wurde. Heute wird es von Deichen geschützt und mit Pumpen trocken gehalten.

▶ *Holland ist berühmt für seine Windmühlen. Sie dienen nicht zum Getreidemahlen, sondern treiben Pumpen an, die das Land entwässern.*

FASZINIEREND!
Die Niederlande sind der größte Schnittblumenhändler der Welt.

- **Die Niederlande** exportieren mehr Käse als jedes andere Land der Welt. Am bekanntesten sind Gouda und Edamer.
- **Die Niederlande** sind berühmt für ihre riesigen Tulpenfelder.
- **Rotterdam** an den Mündungen des Rheins und der Maas ist einer der größten Häfen der Welt. Täglich werden dort mehr als eine Million Tonnen Waren umgeschlagen.
- **Brüssel** ist der Sitz der Europäischen Union.
- **Die belgische Stadt Antwerpen** ist das Zentrum der Diamantenschleiferei.

▲ *Amsterdam ist auf mehr als 100 Inseln erbaut, die durch Kanäle miteinander verbunden sind.*

Niederlande

Belgien

Deutschland

▲ *Neuschwanstein, um 1870 für den exzentrischen bayerischen König Ludwig II. erbaut, ist das berühmteste der vielen Schlösser in Bayern und im Rheinland.*

- **Hauptstadt:** Berlin. Fläche: 357.868 km^2. Währung: Euro. Sprache: Deutsch.
- **Höchster Berg:** Zugspitze (2.963 m). Längster Fluss: Donau (2.859 km).
- **Einwohner:** 82,1 Mio. Bevölkerungsdichte: 229/km^2. Lebenserwartung: Männer 73,9 Jahre, Frauen 80,2 Jahre.

- **Bruttosozialprodukt:** 2.321 Mrd. Euro, 28.280 Euro pro Kopf.
- **Exportgüter:** Maschinen, Fahrzeuge, Chemikalien, Eisen, Stahl, Textilien, Nahrungsmittel, Wein.
- **Deutschland** ist die drittgrößte Industrienation der Welt nach den USA und Japan und berühmt für seine Qualitätsprodukte wie Werkzeuge und Maschinen.
- **Das industrielle Herz** Deutschlands schlug früher im Ruhrgebiet, wo es Dutzende Bergwerke und Stahlwerke gab. Die meisten sind heute geschlossen und viele Menschen sind weggezogen, um anderswo Arbeit zu finden.
- **Deutschland** ist nach den USA und Japan der drittgrößte Autohersteller. Besonders bekannt sind die gehobenen Marken Mercedes, BMW und Audi.

FASZINIEREND!
Seit der Wiedervereinigung 1990 hat Deutschland in Westeuropa mit Abstand die meisten Einwohner.

- **Deutsche Bauernhöfe** sind häufig kleine Familienbetriebe. Dennoch kann die deutsche Landwirtschaft nahezu alles produzieren, was im Lande benötigt wird: Getreide, Zuckerrüben, Rinder und Schweine.

Hamburg hat Deutschlands größten Hafen.

Mit dem Baumsterben durch den Sauren Regen bekamen Deutschlands Umweltschützer starken Zulauf. Heute gibt es strenge Umweltgesetze.

Deutschlands längster Fluss, der Rhein, entspringt in Graubünden in der Schweiz.

▶ *Die flachere Nordhälfte Deutschlands ist eine Mischung aus Heide- und Marschland und Ackerflächen, auf denen Getreide wie Roggen wächst. Der Süden ist gebirgig und von Flüssen durchzogen, die durch tiefe, bewaldete Täler fließen.*

Berlin

- **Berlin** ist die Hauptstadt und mit ca. 3,5 Mio. Einwohnern die größte Stadt Deutschlands.
- **Berlin** war ursprünglich die Hauptstadt Preußens, aus dem sich im 19. Jhdt. Deutschland entwickelte.
- **Die Stadt** wurde im Zweiten Weltkrieg stark von alliierten Bomben zerstört.
- **Nach dem Krieg** wurde Berlin zu einer Insel mitten im kommunistischen Ostdeutschland (DDR) und durch eine hohe Mauer in zwei Hälften geteilt.
- **Ostberlin** war die Hauptstadt Ostdeutschlands, Bonn die Westdeutschlands.
- **1989** brach die ostdeutsche Regierung zusammen und die Mauer wurde niedergerissen. 1990 wurden Ost- und Westdeutschland vereinigt und Berlin deutsche Hauptstadt.
- **Das Brandenburger Tor** wurde 1791 erbaut und markierte bis 1989 die Grenze zwischen Ost und West.

▶ *Das Brandenburger Tor markierte die Grenze zwischen Ost- und Westberlin. 1990 wurde die Stadt wieder vereint.*

▲ *Die Berliner Mauer wurde 1961 errichtet. Wer aus dem Osten nach Westen flüchten wollte, lief Gefahr, getötet zu werden.*

- **Der Kurfürstendamm** ist Berlins bekannteste Einkaufsstraße.
- **Seit der Wiedervereinigung** wurden in Berlin viele spektakuläre Gebäude errichtet oder umgebaut, wie der Reichstag von dem Architekten Norman Foster.

... **FASZINIEREND!** ...

Viele Berliner besitzen ein Stück der Mauer, die 1989 niedergerissen wurde.

Schweiz und Österreich

Schweiz

Österreich

- **Schweiz:** Hauptstadt: Bern. Einwohner: 7,3 Mio. Währung: Schweizer Franken. Sprachen: Deutsch, Französisch, Italienisch.
- **Österreich:** Hauptstadt: Wien. Einwohner: 8,1 Mio. Währung: Euro. Sprache: Deutsch.
- **Die Schweiz und Österreich** sind kleine, schöne Länder, die zum größten Teil in den Alpen liegen.
- **Für beide Länder** ist der Tourismus eine wichtige Einnahmequelle.
- **Die Schweiz** ist neutral und hat sich aus allen großen Kriegen herausgehalten, weshalb Organisationen wie das Rote Kreuz und die Weltgesundheits-Organisation dort ihren Sitz haben.
- **Die Schweiz** ist gemessen am Bruttosozialprodukt pro Kopf das zweitreichste Land der Erde.
- **Menschen aus aller Welt** haben wegen des strengen Bankgeheimnisses und der stabilen politischen Verhältnisse Konten in der Schweiz.

▶ *Österreich erzielt mehr als ein Sechstel seiner Einnahmen aus dem Fremdenverkehr.*

▲ *Die zauberhafte Stadt Salzburg ist der Geburtsort von Wolfgang Amadeus Mozart.*

- **Die Schweiz** ist berühmt als Produzent kleiner, wertvoller Gegenstände, wie Präzisionsinstrumente und Uhren.
- **Wien** war früher das Herz des großen österreichischen Kaiserreichs und die Musikhauptstadt Europas.
- **Österreich** bezieht einen großen Teil seiner Energie aus Wasserkraftwerken.

Die Alpen

▲ *Das Matterhorn ist der dritthöchste Berg der Alpen.*

- **Die Alpen** sind Europas größtes Gebirge, 1.000 km lang und bis zum 250 km breit, bedecken sie eine Fläche von 210.000 km^2.
- **Der höchste Berg** der Alpen ist der Montblanc (4.807 m) im Grenzbereich zwischen Frankreich und Italien.
- **Zu den berühmtesten Bergen** gehören das Matterhorn (4.478 m) und der Monte Rosa (4.638 m).

- **In den Alpen** entspringen viele große europäische Flüsse, wie der Rhein, die Rhone, der Po und die Donau.
- **Starker warmer, trockener Wind,** der so genannte Föhn, weht von den Nordhängen der Berge herab, schmilzt Schnee und verursacht Lawinen und löst bei manchen Menschen Kopfschmerzen aus.
- **Die Almen** in den Hochalpen sind Sommerweiden für Milchkühe. Im Herbst werden die Tiere wieder in die Täler getrieben.
- **Die Alpen** sind zunehmend durch den Menschen gefährdet. In den Tälern entstehen Städte und Fabriken, und für den Skitourismus werden immer mehr Bäume abgeholzt und die Berge der Erosion ausgesetzt.
- **In den Alpen** gibt es in 1.500 m Höhe die höchstgelegenen Weinberge der Welt.

▲ *Alpenkühe werden mehr wegen ihrer Milch als wegen ihres Fleisches gehalten.*

...FASZINIEREND!...
Chandolin, das höchste Dorf in den Schweizer Alpen, liegt in 2.126 m Höhe.

Skandinavien

- **Norwegen:** Hauptstadt: Oslo. Einwohner: 4,4 Mio. Währung: Norwegische Krone. Sprache: Norwegisch.
- **Schweden:** Hauptstadt: Stockholm. Einwohner: 8,9 Mio. Währung: Schwedische Krone. Sprache: Schwedisch

▼ *Gletscher haben tiefe Fjorde in die Felsenküste Norwegens geschnitten.*

- **Dänemark:** Hauptstadt: Kopenhagen. Einwohner: 5,3 Mio. Währung: Dänische Krone. Sprache: Dänisch.
- **Finnland:** Hauptstadt: Helsinki. Einwohner: 5,1 Mio. Währung: Euro. Sprachen: Finnisch und Schwedisch.
- **Zu Skandinavien** gehören einige der kältesten, am weitesten nördlich gelegenen Länder der Welt. Dennoch genießt man dort großen Wohlstand und großzügige Sozialsysteme.
- **Norwegens** Fischereiflotte landet jährlich 2,4 Mio. Tonnen Fisch an, und hat nach Russland die größten Fischerei-Erträge Europas.
- **Schweden** ist bekannt für seine Autos (Volvo) und seine Flugzeuge (Saab).
- **Finnland** ist bekannt für seine Glas- und Keramikprodukte.
- **Schwedens** Hauptstadt Stockholm wurde auf vier Inseln eines Archipels mit 24.000 Inseln erbaut.
- **Dänemarks** Butter und Speck sind berühmt.

Nordeuropäische Küche

- **Fisch und Brot** spielen eine Hauptrolle in der traditionellen skandinavischen Küche.
- **Graved Lachs** ist eine schwedische Art von geräuchertem Lachs und wird normalerweise mit Pfeffer, Dill und Senfsauce serviert.
- **Smörgåsbord,** eine Art kaltes Buffet mit Brot, Lachs, Hering, Käse u.a. ist eine schwedische Spezialität.
- **Smörgåsbord** setzt sich zusammen aus den schwedischen Wörtern für Brot und Tisch.
- **Jede Region in Deutschland** hat ihre eigenen Spezialitäten, aber Wurst, Brezel und Sauerkraut werden überall gern gegessen.

▶ *Früher war das Räuchern von Fischen wie Lachs eine Methode der Konservierung. Heute schätzt man Räucherfisch wegen seines einzigartigen Geschmacks.*

▲ *In Großbritannien isst man Rinderbraten gern mit Yorkshire-Pudding, der aus Mehl, Eiern und Milch hergestellt wird.*

▲ *Bier ist in ganz Nordeuropa beliebt.*

- **Das deutsche Nationalgetränk** ist Bier. In München findet jedes Jahr im Oktober ein riesiges Bierfest statt.
- **England** ist bekannt für seine herzhaften Eintöpfe und Braten, besonders Rinderbraten. Wer auswärts isst, bevorzugt heutzutage die indische Küche.
- **Eine englische Spezialität** sind *Fish and Chips* (frittierter Fisch mit Pommes frites).
- **Wien** ist berühmt für seine Kaffeehäuser, wo man *Kaffee und Kuchen* genießt.
- **Polnische Spezialitäten** sind Roggenbrot und Rüben.

Menschen in Europa

- **In Europa** leben mit 700 Mio. Menschen ca. 12% der Weltbevölkerung.
- **Europa** ist mit durchschnittlich 67 Einwohnern je km² einer der am dichtesten besiedelten Kontinente.
- **Die meisten Europäer** stammen von Stämmen ab, die vor langer Zeit nach Europa einwanderten.
- **Die meisten Briten** sind Nachfahren von Kelten, Angeln, Sachsen, Dänen und anderen Völkern. Die meisten Franzosen stammen von Galliern und Franken ab. Die meisten Osteuropäer sind Slawen.
- **Nordeuropäer** haben häufig helle Haut und blondes Haar. Südeuropäer, wie Italiener, haben meist dunklere Haut und dunkles Haar.
- **In den meisten europäischen Ländern** leben heute Menschen aus allen Teilen der Welt, oft stammen sie aus den ehemaligen europäischen Kolonien in Afrika und Asien.

◀ *In Osteuropa haben viele Menschen, wie dieser Rumäne, ihre eigene traditionelle Tracht.*

- **Die meisten Europäer** sind Christen.
- **Die meisten Europäer** sprechen eine indogermanische Sprache wie Englisch, Französisch oder Deutsch.
- **Französisch, Spanisch und Italienisch** sind romanische Sprachen und basieren auf Latein, der Sprache der Römer.
- **Die Sprache** der Basken in Spanien ist mit keiner anderen Sprache verwandt. Ungarisch, Finnisch und Estnisch sind verwandt mit Türkisch und Mongolisch.

▶ *Die Spitzenhäubchen gehören in den Niederlanden zur Landestracht.*

Russland

- **Hauptstadt:** Moskau. Fläche: 17.075.400 km². Währung: Rubel. Sprache: Russisch.
- **Höchster Berg:** Elbrus (5.642 m). Längster Fluss: Ob mit Katun: 4.345 km.
- **Einwohner:** 147,7 Mio. Bevölkerungsdichte: 9/km². Lebenserwartung: Männer 60,6 Jahre, Frauen 72,8 Jahre.
- **Bruttosozialprodukt:** 394,9 Mrd. Euro, 2.680 Euro pro Kopf.
- **Exportgüter:** Chemikalien, Maschinen, Mineralien, Erdgas, Erdöl und Holzprodukte.
- **Die Russische Föderation** wurde 1991 nach dem Zusammenbruch der UdSSR gegründet. Dazu gehören u.a. Baschkortostan, Kalmykien, Mordwinien, Tatarstan und Inguschetien.
- **Russland** ist das größte Land der Welt, fast doppelt so groß wie Kanada. Es reicht vom subtropischen Süden bis zum arktischen Norden.
- **Russland** verfügt über gewaltige Bodenschätze und gehört zu den größten Lieferanten von Erdöl, Erdgas, Kohle , Silber, Zinn und Zink. Im Osten Sibiriens gibt es riesige Wälder.

▲ *Der Baikalsee in Sibirien enthält ein Fünftel des Süßwassers der Welt. Hier gibt es viele Tierarten, die nur hier vorkommen, u.a. die einzigen Süßwasser-Robben der Erde.*

In Ostsibirien wird Milch in Eisblöcken mit einem Holzgriff verkauft.

▶ *Russland erstreckt sich über eine Länge von 10.000 km, es reicht von den Steppen südlich von Moskau bis zu den kalten Nadelholzwäldern von Kamtschatka im Osten.*

Der Baikalsee ist der älteste und tiefste See der Welt.

Wladiwostok

Wladiwostok ist Endstation der 9.300 km langen Transsibirischen Eisenbahn.

- **Nach dem Zusammenbruch** der UdSSR geriet Russland in eine Krise. Ermutigt von westlichen Staaten versuchten die russischen Präsidenten Jelzin und Putin in Russland statt des alten kommunistischen Systems eine freie Marktwirtschaft einzuführen.

FASZINIEREND!

Im sibirischen Jakutsk schwanken die Temperaturen von -69° C im Winter bis zu 39° C im Sommer. Die tiefste Temperatur in Sibirien wurde mit -72° C gemessen.

Russlands Steppen

- **Die Steppen** sind riesige, grasbewachsene Flächen, die ganz Asien durchziehen.
- **Steppe** ist das russische Wort für Grasland.
- **Die westliche Steppe** erstreckt sich über 4.000 km, von der Ukraine durch Russland und Kasachstan bis zum Altai-Gebirge an der Grenze zur Mongolei.
- **Die östliche Steppe** zieht sich über 2.500 km vom Altai-Gebirge durch die Mandschurai in Nord-China.
- **Die östliche Steppe** liegt höher und ist kälter als die westliche. Der Temperaturunterschied zwischen Winter und Sommer ist so extrem wie nirgendwo sonst auf der Welt.
- **Nomaden** ziehen mit ihren Herden schon seit über 6.000 Jahren durch die Steppen.
- **Vor 5.000 Jahren** entdeckten Menschen in den Steppen am Schwarzen und Kaspischen Meer das Pferd als Reittier.
- **Die Weite** der Steppen ermöglichte bequemes Reisen zu Pferde, lange bevor Straßen gebaut wurden.

▶ *Ein selten gewordener Anblick: Nomaden ziehen mit ihren Kamelen durch die Steppe.*

... FASZINIEREND! ...

Die Steppen ziehen sich über 8.000 km durch Europa und Asien.

Moskau und St. Petersburg

- **Moskau** ist die größte Stadt der Russischen Föderation und Hauptstadt Russlands.
- **Moskau** ist mit seinen riesigen Textil- und Fahrzeugwerken das industrielle Zentrum Russlands.
- **Moskaus** historisches Zentrum ist der Rote Platz mit dem Kreml, einer Stadt in der Stadt.
- **Früher** bestand Moskau hauptsächlich aus Holzgebäuden, die mehrfach abbrannten. Als Napoleons Truppen 1812 in Moskau einmarschierten, setzten die Moskauer selbst ihre Stadt in Brand, um den Franzosen kein Quartier für den Winter zu bieten.
- **Moskau** ist jedes Jahr von November bis April zugeschneit. Die größten Straßen werden jedoch von Schneepflügen freigehalten.
- **St. Petersburg** ist die zweitgrößte Stadt Russlands.

▶ *Die St.-Basil-Kathedrale auf dem Roten Platz besteht aus acht Kapellen, die von jeweils einem Zwiebeltürmchen gekrönt werden.*

▲ *St. Petersburg ist eine elegante Stadt mit vielen schönen Häusern und Palästen, wie der berühmten Eremitage.*

- **St. Petersburg** wurde 1803 von Zar Peter dem Großen gegründet, um Moskau als Hauptstadt Russlands abzulösen.

. . . FASZINIEREND! . . .
Leningrad leistete während der Belagerung durch die Nazis von 1941 bis 1944 heldenhaften Widerstand.

- **Nach der Revolution** von 1917 wurde St. Petersburg von den Kommunisten in Leningrad umbenannt und Moskau zur Hauptstadt erklärt. Seit 1991 heißt die Stadt wieder St. Petersburg.

Polen und Nachbarn

- **Polen:** Hauptstadt: Warschau. Einwohner: 38,7 Mio. Währung: Zloty. Sprache: Polnisch.
- **Litauen:** Hauptstadt: Wilna. Einwohner: 3,7 Mio. Währung: Lita. Sprache: Litauisch.
- **Lettland:** Hauptstadt: Riga. Einwohner: 2,5 Mio. Währung: Lat. Sprache: Lettisch.
- **Estland:** Hauptstadt: Tallinn. Währung: Krone. Sprache: Estnisch.
- **Nach dem Ende des Kommunismus** wurde der ehemalige Führer der Gewerkschaft Solidarität, Lech Walesa, 1990 der erste Präsident eines demokratischen Polens.
- **Der Name Polen** kommt von dem slawischen Wort *polane* und bedeutet Flachland.

- **Polen** ist mit seinen Werften in Danzig die fünftgrößte Schiffbaunation der Erde.
- **In Krakau** gibt es viele historische Gebäude. Allerdings wird die Umwelt durch die nahe gelegenen Stahlwerke von Nowa Huta stark belastet

▲ *Polen und seine Nachbarn sind Anrainer der Ostsee.*

- **Litauen, Lettland und Estland** sind katholische Länder.
- **Lettisch** ist eine der ältesten Sprachen Europas und verwandt mit dem uralten indischen Sanskrit.

Polen

Lettland

Litauen

Estland

Ukraine und Weißrussland

- **Ukraine:** Hauptstadt: Kiew. Einwohner: 51,3 Mio. Währung: Griwna. Sprache: Ukrainisch.
- **Weißrussland:** Hauptstadt: Minsk. Einwohner: 10,4 Mio. Währung: Belarus-Rubel. Sprachen: Weißrussisch und Russisch.
- **Die Ukraine** ist nach Russland mit über 600.000 km² das größte Land Europas.
- **Ihrem fruchtbaren Boden** verdankt die Ukraine ihren Ruf als Kornkammer Europas.
- **Während der Sowjetzeit** mussten die Ukrainer Russisch sprechen und die russische Kultur übernehmen. Seit der Unabhängigkeit 1991 hat sich das geändert.
- **In der Sowjetzeit** bestand ein Viertel der Industrieproduktion der Ukraine aus Waffen.

▲ *Die Ukraine und Weißrussland bilden die Westgrenze Russlands nördlich des Schwarzen Meeres.*

Ukraine

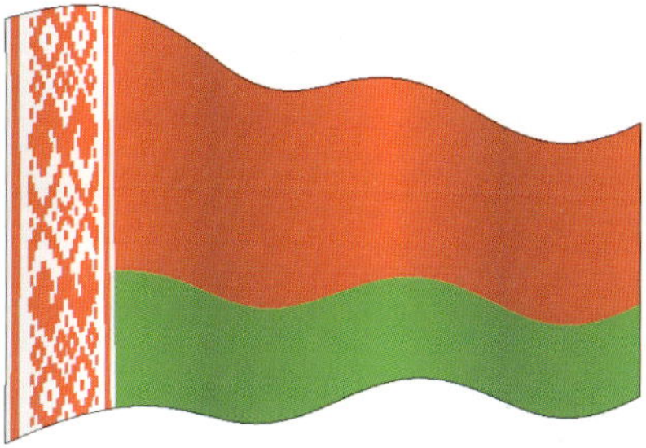

Weißrussland

- **1986** kam es in Tschernobyl nördlich von Kiew zu dem bisher schwersten Unfall in einem Atomkraftwerk, bei dem große Gebiete radioaktiv verseucht wurden.
- **Atomenergie** macht noch immer 25% der Energieproduktion der Ukraine aus, obwohl viele Ukrainer strikt dagegen sind.
- **Weißrussland** ist ein flaches Land, das von dichten Wäldern und Sümpfen bedeckt ist. Die *Pripet-Sümpfe* sind mit 27.000 km^2 die größten Sümpfe Europas.
- **Weißrussland** ist u.a. bekannt als Hersteller von Schwerlastwagen, Traktoren und Fahrrädern. Die Wälder bieten die Rohstoffe zur Produktion von Möbeln, Streichhölzern und Papier.

Ungarn und Nachbarn

- **Ungarn:** Hauptstadt: Budapest. Einwohner: 10,3 Mio. Währung: Forinth. Sprache: Ungarisch.
- **Tschechien:** Hauptstadt: Prag. Einwohner: 10,3 Mio. Währung: Tschechische Krone. Sprache: Tschechisch.
- **Slowakei:** Hauptstadt: Bratislawa. Einwohner: 5,4 Mio. Währung: Krone. Sprache: Slowakisch.
- **Slowenien:** Hauptstadt: Ljubljana. Einwohner: 1,9 Mio. Währung: Tolar. Sprache: Slowenisch.
- **Seit 1990** sind alle diese Länder demokratische Staaten.
- **Seit 1990** ist die historische Stadt Prag ein beliebtes Reiseziel besonders für junge Leute und Künstler geworden.
- **Tschechien** ist berühmt für sein Bier, das in Pilsen mit Hopfen gebraut wird, der dort angebaut wird.

◀ *Ungarn ist einer der weltweit führenden Produzenten von Sonnenblumenöl. Im Sommer sind große Teile des Landes gelb vor Sonnenblumen.*

▲ *Die „Goldene Stadt" Prag an der Moldau ist eine der ältesten und schönsten Städte Europas.*

- **Gulasch** ist Ungarns Nationalgericht, ein Eintopf aus Fleisch, Zwiebeln, Kartoffeln und Paprika, der mit dunklem Roggenbrot gegessen wird.
- **Die meisten Menschen** in der Slowakei leben zwar nach alter Tradition auf dem Lande, immer mehr junge Leute ziehen jedoch in die Städte.
- **Die weißen Lipizzaner-Pferde** für die Spanische Hofreitschule in Wien wurden früher in Lipica (Slowenien) gezüchtet.

Rumänien und Bulgarien

- **Rumänien:** Hauptstadt: Bukarest. Einwohner: 22,6 Mio. Währung: Leu. Sprache: Rumänisch.
- **Bulgarien:** Hauptstadt: Sofia. Einwohner: 8,4 Mio. Währung: Lew. Sprache: Bulgarisch.
- **Rumänien** hat seinen Namen von den Römern, die das Land vor 2.000 Jahren eroberten.
- **Transsilvanien** ist eine schöne bewaldete Gebirgsregion von Rumänien. Im 15. Jhdt. lebte hier der grausame Herrscher Vlad der Pfähler, das Vorbild für den Vampir Drakula.
- **Bulgarien und Rumänien** waren bis 1989 kommunistische Staaten.
- **Der Versuch** des Diktators Ceausescu, Rumänien in ein Industrieland zu verwandeln, führte dazu, dass viele Menschen in die Städte zogen. Dabei zerbrachen viele Familien.

Rumänien

Bulgarien

- **Rumänien** ist ein bedeutender Weinlieferant.
- **In Rumänien** gibt es ca. 250.000 Roma, die oftmals in Wohnwagen leben.
- **Das Tal der Rosen** bei Kazanluk in Bulgarien ist übersät von Damaszener-rosenfeldern.
- **Bulgarische Frauen** sammeln Rosen-blüten, aus denen Rosenöl für die Parfümherstellung gewonnen wird.

▶ *Der sagenhafte Graf Drakula war in Wirklichkeit der Prinz Vlad, der auf seinem Schloss in Tirgoviste in Transsilvanien lebte.*

Spanien und Portugal

▲ *In Zentralspanien werden Oliven, Orangen und Wein angebaut. Spanien ist einer der wichtigsten Produzenten von Olivenöl.*

- **Spanien:** Hauptstadt: Madrid. Fläche: 504.782 km². Währung: Euro. Sprache: Spanisch.
- **Höchster Berg:** Mulhacén (3.478 m). Längster Fluss: Tajo (1.007 km).
- **Einwohner:** 39,6 Mio. Bevölkerungsdichte: 78/km². Lebenserwartung: Männer 74,5 Jahre, Frauen 81,5 Jahre.

- **Bruttosozialprodukt:** 569,6 Mrd. Euro, 14.490 Euro pro Kopf.
- **Exportgüter:** Autos, Wein, Maschinen, Obst, Olivenöl, Stahl, Textilien, Chemikalien.
- **Zentralspanien** ist sehr heiß und trocken. Hier gedeihen Oliven, Sonnenblumen, Wein, Orangen und andere Früchte. Spanien gehört zu den bedeutendsten Obstanbauern der Welt.
- **Spanien** gehört zu den führenden Autoproduzenten Europas. Außerdem werden dort Eisen- und Stahlprodukte hergestellt, weltberühmt ist der Toledostahl.
- **Portugal:** Hauptstadt: Lissabon. Einwohner: 9,9 Mio. Währung: Euro. Sprache: Portugiesisch.
- **Portugal** beherrschte einmal große Teile Lateinamerikas und Afrikas. Heute ist das Land relativ arm. Die meisten Menschen leben auf dem Lande, wo Weizen, Reis, Mandeln, Oliven und Mais angebaut werden. Eine berühmte portugiesische Spezialität ist der Portwein.

... FASZINIEREND! ...

Jedes Jahr zieht es 55 Mio. sonnenhungrige Touristen an die spanischen Strände.

Portugal

Spanien

Italien

- **Hauptstadt:** Rom. Fläche: 301.245 km^2. Währung: Euro. Sprache: Italienisch.
- **Höchster Berg:** Monte Rosa (4.638 m). Längster Fluss: Po (652 km).
- **Einwohner:** 57,4 Mio. Bevölkerungsdichte: 190/km^2. Lebenserwartung: Männer 75 Jahre, Frauen 81,2 Jahre.
- **Bruttosozialprodukt:** 1.160 Mrd. Euro, 20.100 Euro pro Kopf.
- **Exportgüter:** Wein, Maschinen, Autos und Lastwagen, Schuhe, Olivenöl, Textilien.

- **Italien** ist ein schmales, gebirgiges Land. Der Norden ist kühl und feucht. Hier gibt es große Industriestädte, aber in der Toskana und in Umbrien auch fruchtbares Land und historische Städte. Der Süden ist heiß und staubig und relativ arm.
- **Italien** ist einer der Hauptproduzenten von Olivenöl und Wein.
- **Italien** ist eine der größten Industrienationen. Die Industrie konzentriert sich im Norden in Städten wie Turin und Mailand, wo Autos, Computer, Chemikalien und Textilien hergestellt werden.

▲ *Die Toskana hat sich seit der Renaissance nur wenig verändert.*

- **Die Modebranche** hat für Italien große wirtschaftliche Bedeutung. Italienische Modemarken wie Armani, Versace, Valentino und Gucci sind weltbekannt.
- **Italien** ist voller schöner historischer Städte, wie Florenz, Padua und Mantua, von denen viele in der Renaissance entstanden sind.

▼ *Die alte Stadt Venedig wurde auf 117 Inseln erbaut. Statt Straßen gibt es 177 Kanäle, die man auf den typisch venezianischen Gondeln erkunden kann.*

Rom

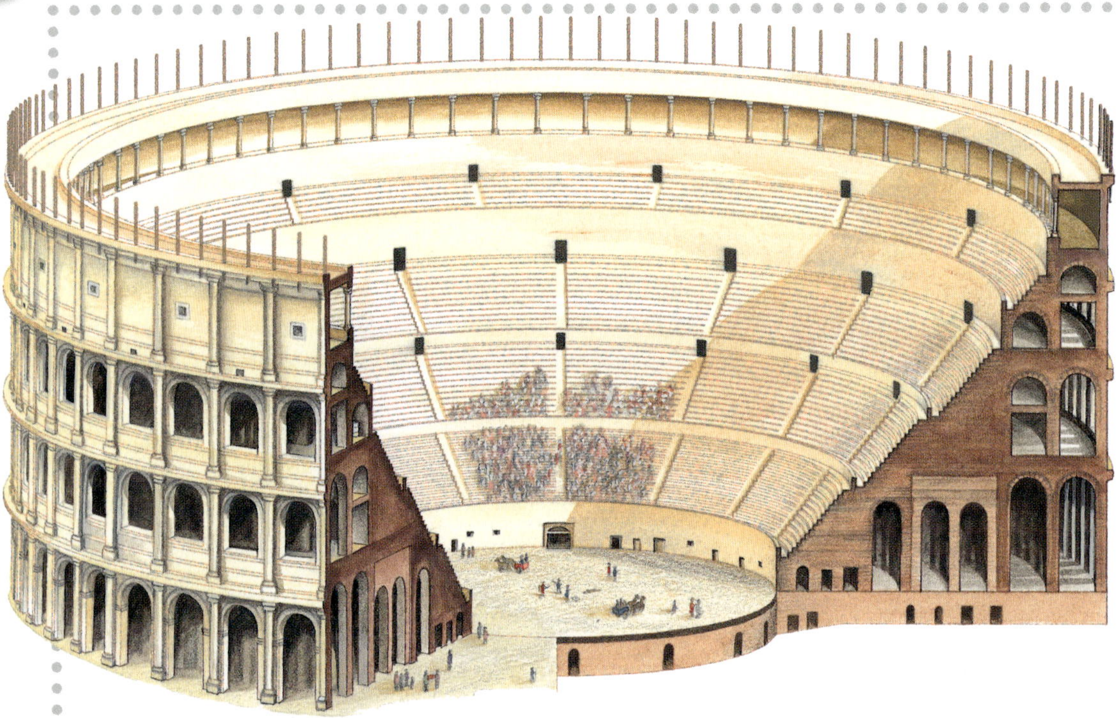

▲ *In Arenen wie dem Kolosseum in Rom fanden früher Kampfspiele statt, bei denen es um Leben und Tod ging. Bis zu 80.000 Zuschauer wohnten diesen Spektakeln bei.*

- **Rom** ist die Hauptstadt Italiens und mit fast drei Millionen Einwohnern auch die größte Stadt.
- **Der Vatikan** in Rom ist der Sitz des Papstes.
- **Der Vatikan** ist mit nur 0,4 km^2 der kleinste unabhängige Staat der Welt.

- **Rom** wird wegen seiner Bedeutung innerhalb des Römischen Reiches auch die Ewige Stadt genannt.
- **Von Rom** als Hauptstadt des Römischen Reiches wurden jahrhundertelang große Teile von Europa und im Mittelmeerraum beherrscht.
- **Rom** wurde auf sieben Hügeln erbaut.
- **Rom** besitzt eine der größten Sammlungen von Kunstschätzen auf der Welt und zahlreiche historische Gebäude.
- **Viele Relikte** aus der Römerzeit, wie das Kolosseum und der Pantheon, sind bis heute erhalten geblieben.
- **In der Sixtinischen Kapelle** im Vatikan kann man ein wunderschönes Deckengemälde von Michelangelo und Wandmalereien von Botticelli, Ghirlandaio und Perugino bestaunen.

▲ *Der Petersdom in der Vatikanstadt in Rom ist die größte Kirche der Welt.*

Griechenland

- **Hauptstadt:** Athen. Fläche: 131.957 km^2. Währung: Euro. Sprache: Griechisch.
- **Höchster Berg:** Olymp (2.917 m).
- **Einwohner:** 10,6 Mio. Bevölkerungsdichte: 80/km^2. Lebenserwartung: Männer 75,6 Jahre, Frauen 80,7 Jahre.
- **Bruttosozialprodukt:** 122,4 Mrd. Euro, 11.640 Euro pro Kopf.
- **Exportgüter:** Bekleidung, Olivenöl, Marmor, Obst und Tabak.

▲ *Athene war die Schutzgöttin der Athener. Ihr zu Ehren wurde im Pantheon diese 18 m hohe Statue aus Marmor und Gold aufgestellt.*

- **Landwirtschaft:** Griechenland ist so gebirgig, dass nur ein Drittel seiner Fläche landwirtschaftlich genutzt werden kann. Dennoch arbeitet ein Drittel der arbeitenden Menschen im Anbau von Oliven und Wein oder in der Zucht von Ziegen und Schafen.
- **Jedes Jahr** kommen über 10 Millionen Besucher nach Griechenland, um die Überbleibsel der Antike zu bestaunen oder einfach nur die Sonne zu genießen.
- **Athen** war die Hauptstadt des Alten Griechenland, dominiert von der Akropolis mit den berühmten Ruinen des Pantheon.

▲ *Griechenland ist eines der gebirgigsten Länder Europas.*

Mediterrane Küche

- **Die mediterrane Küche** ist leichter als die nordeuropäische. Man isst eher Salate, Fladenbrot und Fisch als Eintöpfe und Soßen.
- **Olivenöl** wird zum Braten und für Salatsoßen verwendet.
- **Die fünf Hauptrichtungen** mediterranen Essens sind die italienische, die griechische, die türkische, die spanische und die nordafrikanische Küche.
- **Wesentlicher Bestandteil** der italienischen Küche sind Nudelgerichte mit Soßen.
- **Es gibt Nudeln** in vielen Varianten, die bekannteste sind wohl Spagetti.

◀ *Die Pizza stammt ursprünglich aus Italien. Sie besteht aus Hefeteig, der mit Tomaten und Käse, Oliven, Salami, Pilzen u.Ä. belegt und gebacken wird.*

- **In Norditalien** isst man Bandnudeln mit Sahnesoßen, im Süden Makkaroni mit Tomatensoße.
- **Pizza** isst man besonders gern in Süditalien.
- **In Griechenland** isst man Lammfleisch und Fisch.
- **Griechischer Salat** besteht aus Oliven, Gurken, Tomaten, Kräutern und Feta (weicher Ziegenkäse).
- **In Spanien** isst man gern Fisch und andere Meeresfrüchte. Paella ist ein Reisgericht mit Meeresfrüchten und Hühnerfleisch. Gazpacho ist eine kalte Gemüsesuppe. Tapas sind kleine, leckere Häppchen, die aus Nordspanien stammen.

▲ *Ohne Spagetti Bolognese – Spagetti mit Fleisch und Tomatensoße – geht in der italienischen Küche gar nichts.*

Balkan

- **Der Balkan** ist ein gebirgiges Gebiet in Südosteuropa, und liegt zwischen der Adria und der Ägäis.
- **Auf dem Balkan** leben viele verschiedene Völker, die bis 1918 entweder unter türkischer oder österreichischer Herrschaft standen.
- **1945** hatten sich Serbien, Kroatien, Bosnien, Mazedonien, Herzegowina, Slowenien, Montenegro und der Kosowo zu einem kommunistischen Staat zusammengeschlossen: Jugoslawien.
- **Bosnien-Herzegowina,** Kroatien, Mazedonien, Slowenien und der Kosowo trennten sich in den 90er Jahren des 20. Jhdts. von Jugoslawien.

- **Serbien und Montenegro** bilden seit 1992 ein kleineres Jugoslawien.
- **Jugoslawien:** Hauptstadt: Belgrad. Einwohner: 10,6 Mio. Währung: Neuer Dinar. Sprache: Serbokroatisch.
- **Kroatien:** Hauptstadt: Zagreb. Einwohner: 4,8 Mio. Währung: Kuna. Sprache: Serbokroatisch.
- **Bosnien-Herzegowina:** Hauptstadt: Sarajevo. Einwohner: 3,5 Mio. Währung. Konvertible Mark. Sprache: Bosnisch und Serbokroatisch.

- **Albanien:** Hauptstadt: Tirana. Einwohner: 3,4 Mio. Währung: Lek. Sprache: Albanisch.
- **Mazedonien:** Hauptstadt: Skopje. Einwohner: 2,3 Mio. Währung: Denar. Sprachen: Mazedonisch und Albanisch.

▼ *Dieses alte Amphitheater zeigt den Einfluss des Römischen Reiches in Kroatien.*

Türkei und Zypern

- **Türkei:** Hauptstadt: Ankara. Einwohner: 63,4 Mio. Währung: Lira. Sprache: Türkisch.
- **Zypern:** Hauptstadt: Nikosia. Währung: Zypern-Pfund. Sprachen: Griechisch und Türkisch.

Türkei

Zypern

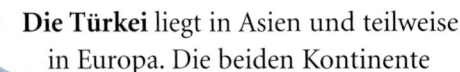

- **Die Türkei** liegt in Asien und teilweise in Europa. Die beiden Kontinente sind durch eine Meerenge, den Bosporus, voneinander getrennt.
- **Seit 1920** ist die Türkei eine Republik mit einer Mischung aus islamischen und westlichen Traditionen.
- **Istanbul** ist eine der größten historischen Städte. Als Byzanz war sie 1.000 Jahre lang die Hauptstadt des Byzanthinischen Reichs, als Konstantinopel 500 Jahre Hauptstadt des Osmanischen Reichs.

▲ *Zypern ist berühmt für seine Burgen, historischen Kirchen und seine Berglandschaft.*

- **Verteilt auf** die Türkei, Iran, Irak und Syrien leben 25 Millionen Kurden ohne eigenen Staat.
- **31%** der türkischen Bevölkerung leben auf dem Lande, wo Weizen, Baumwolle, Tabak, Zuckerrohr, Obst und Tee angebaut werden.
- **Das Motto** der Türkei lautet: *Friede zu Hause, Friede auf der Welt.*

▶ *Istanbul ist die größte Stadt und hat auch den größten Hafen der Türkei. Die Lage auf zwei Kontinenten ist einzigartig.*

Georgien und Nachbarn

▶ *Tiflis liegt an den Ufern des Kur. Die Stadt ist eine Mischung aus neuen und uralten Gebäuden.*

- **Georgien:** Hauptstadt: Tiflis. Einwohner: 5,4 Mio. Währung: Lari. Sprache: Georgisch.
- **Armenien:** Hauptstadt: Eriwan. Einwohner: 3,8 Mio. Währung: Dram. Sprache: Armenisch.
- **Aserbaidschan:** Hauptstadt: Baku. Einwohner: 7,7 Mio. Währung: Aserbaidschan-Manat. Sprache: Aserbaidschanisch.
- **Georgien, Aserbaidschan und Armenien** gehörten früher zur Sowjetunion.
- **In Georgien** leben die meisten Hundertjährigen, nach Japan.

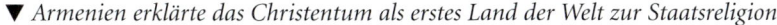

- **Georgiens** Hauptstadt Tiflis ist eine der ältesten Städte der Welt.
- **Dank der Erdölvorkommen** unter dem Kaspischen Meer förderte die UdSSR früher die Hälfte der Weltproduktion.
- **Nach neuen Untersuchungen** gibt es unter dem Kaspischen Meer noch so viel Erdöl wie im Iran und dem Irak zusammen.
- **Einige Menschen** am Kaspischen Meer sind sehr reich, während andere bitterarm geblieben sind.
- **Eine 1.520 km lange Pipeline** verbindet die Erdölfelder in Kasachstan mit dem russischen Schwarzmeerhafen Novorossiysk.

▼ *Armenien erklärte das Christentum als erstes Land der Welt zur Staatsreligion.*

Menschen in Nordasien

- **83 %** der Russen sind Slawen, ein Volk, das seit etwa 5.000 Jahren in Osteuropa lebt.
- **Ost-Slawen** sind Russen, Ukrainer und Weißrussen.
- **West-Slawen** sind Osteuropäer, wie Tschechen, Polen und Slowaken.
- **Süd-Slawen** sind Balkanbewohner, wie Kroaten, Serben und Slowenen.
- **Slawen** sprechen slawische Sprachen, wie z. B. Russisch, Polnisch und Tschechisch.
- **In der alten Sowjetunion** gab es über 100 verschiedene ethnische Gruppen. 70 % waren Slawen. Viele gehörten Turk-Völker wie Usbeken, Kasachen und Turkmenen, an, die heute teilweise eigene Nationen bilden.

▲ *Mongolische Krieger trugen Helme aus Eisen oder hartem Leder und Rüstungen aus Eisenplättchen.*

▶ *Mongolische Nomaden durchziehen die Steppen Zentralasiens mit ihren Ziegen- und Yakherden. Sie leben in Jurten, Zelten, die mit Fell bespannt sind.*

- **Die meisten Slawen** sind Christen. Die Turk-Völker Muslime.
- **Viele Turk-Völker,** wie die Kasachen, waren früher Nomaden.
- **Unter dem großen Khan** beherrschten die Mongolen ein riesiges Reich, das bis nach China reichte.
- **Die Tataren** sind ein Turk-Volk. Heute leben sechs Millionen von ihnen in einem eigenen Staat.

Kasachstan und Nachbarn

- **Kasachstan:** Hauptstadt Astana. Einwohner: 16,37 Mio. Währung: Tenge. Sprache: Kasachisch.
- **Usbekistan:** Hauptstadt: Taschkent. Einwohner: 24,1 Mio. Währung: Som. Sprache: Usbekisch.
- **Turkmenistan:** Hauptstadt: Aschgabat. Einwohner: 4,7 Mio. Währung: Turkmenistan-Manat. Sprache: Türkisch.
- **Viele der hier lebenden Menschen** sind noch Nomaden und ziehen mit ihren Herden umher.
- **Usbekistan** ist reich an Erdgas und Baumwolle, die auch „Weißes Gold" genannt wird.
- **Vom Weltraumbahnhof** Baikonur in Kasachstan starten die russischen Weltraumraketen.

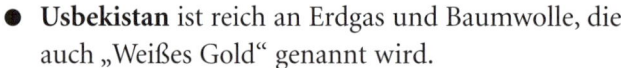

Kasachstan

Usbekistan

Turkmenistan

- **Die Sowjetunion** veranlasste die Nomaden in Kalmükien am Kaspischen Meer, ihre Schafherden derart zu vergrößern, dass die empfindliche Grassteppe dies nicht verkraftete und 1,4 Mio. km^2 Wüste entstanden.
- **Das Kaspische Meer** ist die Heimat des Störs, aus dessen Eiern der teure Beluga-Kaviar gewonnen wird. Durch Umweltverschmutzung und Raubbau ist der Fisch heute fast ausgestorben.

▶ *Der russische Kaviar ist so wertvoll, dass einige Störfarmen von bewaffneten Männern bewacht werden.*

... FASZINIEREND! ...
Kasachstan hat riesige Eisenerz- und Kohlevorkommen und das größte Chrombergwerk der Welt.

Der Nahe Osten

- **Syrien:** Hauptstadt: Damaskus. Einwohner: 14,9 Mio. Währung: Syrisches Pfund. Sprache: Arabisch.
- **Jordanien:** Hauptstadt: Amman. Einwohner: 3,1 Mio. Währung: Jordan-Dinar. Sprache: Arabisch.
- **Libanon:** Hauptstadt: Beirut. Einwohner: 3,1 Mio. Währung: Pfund. Sprache: Arabisch.
- **Damaskus** war vor 4.000 Jahren ein Handelszentrum.
- **Die meisten syrischen** Bauern bearbeiten kleine Baumwoll- und Weizenfelder.
  Heute arbeiten 40% der Syrer im Dienstleistungsbereich.
- **Jordanien** erzielt 70% seiner Einnahmen aus dem Tourismus und Bankgeschäften.
- **Die Menschen** in Syrien, Jordanien und dem Libanon sind überwiegend Araber. 90% der Syrer und Jordanier sind Muslime, aber 40% der Libanesen sind Christen.

▲ *Am Euphrat, der Wiege der heutigen Zivilisation, ist Geschichte noch immer lebendig. Diese im 2. Jhdt. n.Chr. erbaute römische Brücke wird noch heute benutzt.*

- **1948** wurde Palästina zwischen Israel, Jordanien und Ägypten aufgeteilt. Die Forderung der arabischen Palästinenser nach einem eigenen Staat hat zu schweren Konflikten mit Israel geführt.
- **1996** zogen die israelischen Truppen aus dem Gazastreifen ab und die Palästinenser wählten ihre eigene Verwaltung.

Israel

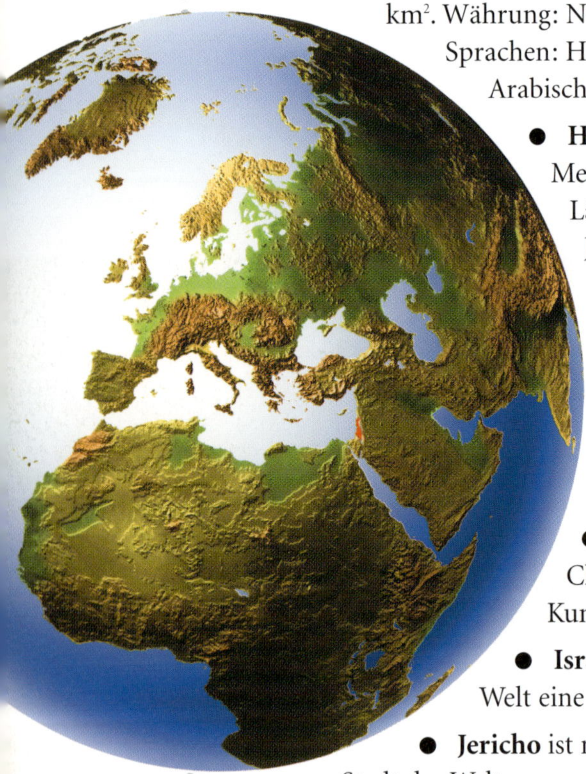

- **Hauptstadt:** Jerusalem. Fläche: 20.770 km². Währung: Neuer Schekel. Sprachen: Hebräisch und Arabisch.
- **Höchster Berg:** Meron (1.208 m). Längster Fluss: Jordan (359 km).
- **Einwohner:** 5,9 Mio. Bevölkerungsdichte: 284/km². Lebenserwartung: Männer 75,7 Jahre, Frauen 79,7 Jahre.
- **Bruttosozialprodukt:** 94,4 Mrd. Euro, 16.180 Euro pro Kopf.
- **Exportgüter:** Obst und Gemüse, Chemikalien, Diamanten, Textilien, Maschinen, Kunstdünger.
- **Israel** wurde 1948 gegründet, um Juden aus aller Welt eine Heimat zu geben.
- **Jericho** ist mit vermutlich 10.000 Jahren die wohl älteste Stadt der Welt.

... FASZINIEREND! ...
Jerusalem ist eine heilige Stadt für Juden, Muslime und Christen.

- **In ländlichen Gebieten** arbeiten viele Menschen in Kibbuzim, gemeinschaftlichen Farmen, in denen Arbeit und Gewinne geteilt werden.
- **Israel** ist berühmt für seine Jaffa-Orangen, benannt nach Jaffa, dem alten Namen für Tel Aviv.

▼ *Viele Häuser in Israel haben Flachdächer. Um zu verhindern, dass jemand vom Dach fällt, sind sie ringsum mit niedrigen Mauern gesichert.*

Irak und Iran

- **Iran:** Hauptstadt: Teheran. Einwohner: 64,6 Mio. Währung: Rial. Sprache: Persisch.
- **Irak:** Hauptstadt: Bagdad. Einwohner: 21,2 Mio. Währung: Iraki-Dinar. Sprache: Arabisch.
- **Iran** ist das größte nichtarabische Land im Mittleren Osten. Die Iraner sind Nachfahren der Perser.
- **Iran** hieß früher Persien und war vor Tausenden von Jahren Zentrum eines großen Reiches, das von den Schahs regiert wurde. Der letzte Schah wurde 1979 abgesetzt.
- **Iran** ist ein islamisches Land. Der strenggläubige islamische Führer Ajatollah Khomeini spielte bei der Revolution von 1979 eine Schlüsselrolle.
- **Iran** ist bekannt für seine Teppiche, auch Perserteppiche genannt. Nach Erdöl sind sie der wichtigste Exportartikel des Landes. 80% seiner Einnahmen erzielt der Iran aus dem Verkauf von Erdöl.
- **Im heutigen Irak** stand vor 7.000 Jahren die Wiege der Zivilisation. Die Griechen nannten das Land Mesopotamien.
- **Nur ein Sechstel** der Fläche des Iraks ist landwirtschaftlich nutzbar, so dass das Land auf Lebensmitteleinfuhren angewiesen ist.

Irak

Iran

- **Der Irak** ist eines der größten Erdölförderländer der Welt.
- **Nach dem Golfkrieg** 1991 hat die UNO ein striktes Handelsembargo über den Irak verhängt. Dies hat das Land wirtschaftlich zugrunde gerichtet und mehr die Bevölkerung getroffen als den Diktator Saddam Hussein.
  Im Frühjahr 2003 sind alliierte Truppen unter der Führung der USA in den Irak einmarschiert und haben Saddam Hussein gestürzt.

▼ *Das bei Erdölbohrungen ausströmende Gas wird gleich riesigen Fackeln abgebrannt.*

Der Mittlere Osten

- **Saudi-Arabien:** Hauptstadt: Riad. Einwohner: 19,5 Mio. Währung: Saudi-Riyal. Sprache: Arabisch.
- **Jemen:** Hauptstadt: Sanaa. Einwohner: 16,3 Mio. Währung: Jemen-Riyal. Sprache: Arabisch.
- **Kuwait:** Hauptstadt: Kuwait. Einwohner: 1,7 Mio. Währung: Kuwait-Dinar. Sprache: Arabisch.
- **Vereinigte Arabische Emirate:** Hauptstadt: Abu Dhabi. Einwohner: 2,3 Mio. Währung: Dirham. Sprache: Arabisch.
- **Einwohner:** Oman: 2,3 Mio. Bahrein: 600.000, Katar: 600.000.

▶ *Der Dar Al Hajjar (Felspalast) in Jemen thront auf einem Felsen bei Sanaa.*

- **Ein Großteil** des Mittleren Ostens ist Wüste, die seit Tausenden von Jahren von Nomaden, so genannten Beduinen, und ihren Schaf- und Ziegenherden durchwandert wird. Heute sind die meisten von ihnen sesshaft geworden.
- **Erdöl** hat die arabischen Staaten reich gemacht. Die Bewohner der Vereinigten Arabischen Emirate, Bahreins und Kuwaits haben das höchste Prokopfeinkommen aller Länder außerhalb Europas.
- **Saudi-Arabien** ist der führende Erdölexporteur und nach Russlands das größte Förderland. Hier befinden sich 25% der bekannten Erdölvorkommen.
- **Der Jemen** ist eines der ärmsten Länder der Erde.
- **Die Ölstaaten** am Golf leiden unter Wassermangel. Entsalzungsanlagen ermöglichen es heute, Trinkwasser aus dem Meer zu gewinnen.

▲ *Im Mittleren Osten entstand unsere Zivilisation, heute ist dort überwiegend Wüste.*

Menschen im Mittleren Osten

- **Im Mittleren Osten** wird länger Landwirtschaft betrieben als anderswo in der Welt.
- **Im Mittleren Osten** gab es die ersten Städte und Hochkulturen, wie die der Sumerer und Babylonier.
- **Die meisten Menschen** im Mittleren Osten sind Araber.
- **Außer im Iran**, der Türkei und Israel wird überall im Mittleren Osten Arabisch gesprochen.
- **Die meisten Menschen** im Mittleren Osten sind Muslime.
- **Die meisten Länder** des Mittleren Ostens, außer Israel, werden von muslimischen Traditionen beherrscht.
- **Viele islamische Länder** werden von absolutistischen Herrschern regiert. Die Türkei und Israel sind Republiken. Der Irak ist zwar ebenfalls eine Republik, dennoch verfügte Präsident Saddam Hussein bis zu seinem Sturz im Frühjahr 2003 über uneingeschränkte Macht.

▲ *Viele Menschen im Mittleren Osten tragen traditionelle arabische Kopfbedeckungen.*

...**FASZINIEREND!**...
Vor 10.000 Jahren wurde im Mittleren Osten der Ackerbau entwickelt.

▲ *Eine Beduinenhochzeit. Obwohl in Saudi-Arabien der Ehemann das Familienoberhaupt ist, hat im Haushalt die Frau das Sagen.*

- **Der Konflikt** zwischen Juden und Arabern hat seine Wurzeln in den 20er Jahren des 20. Jhdts.
- **Mit einem Jahreseinkommen** von fast 20.000 Euro gehören die Bewohner der Vereinigten Arabischen Emirate zu den Reichsten der Welt.
- **Mit einem Jahreseinkommen** von nur 270 Euro gehören die Bewohner des Jemen zu den Ärmsten der Welt.

Afghanistan und Nachbarn

- **Afghanistan:** Hauptstadt: Kabul. Einwohner: 20,5 Mio. Währung: Afghani. Sprachen: Pashtu, Dari.
- **Tadschikistan:** Hauptstadt: Duschanbe. Einwohner: 5,5 Mio. Währung: Somoni. Sprache: Tadschikisch.
- **Kirgistan:** Hauptstadt: Bischkek. Einwohner: 4,2 Mio. Währung: Kirgistan-Somoni. Sprachen: Kirgisisch und Russisch.
- **Nepal:** Hauptstadt: Kathmandu. Einwohner: 21,1 Mio.

▼ *Der Himalaja bildet eine Barriere zwischen Nordindien und der Hochebene von Tibet.*

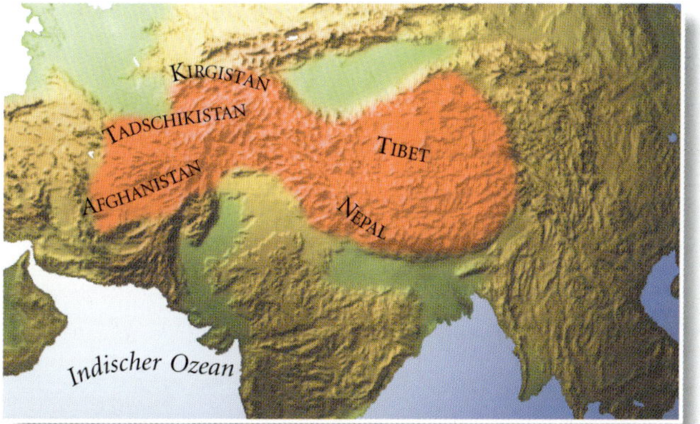

▲ *Diese fünf Länder thronen auf dem höchsten Gebirge der Welt, dem Himalaya.*

- **In diesen vier Ländern** und in Tibet befinden sich die höchsten Berge der Welt, darunter der Mount Everest (8.846 m) und der Kanchenjunga (8.598 m) in Nepal sowie der Garmo (7.495 m) in Tadschikistan.
- **Lapislazuli**, ein blauer Edelstein, wird seit mehr als 6.000 Jahren in Afghanistan abgebaut.
- **Kirgistan** ist seit 1991 unabhängig von der UdSSR, aber viele Kirgisen sind Russen oder Halbrussen. Nur ganz wenige leben noch in den traditionellen kirgisischen Jurten.
- **Tadschikistan** ist von der Landwirtschaft geprägt. In den tiefen Tälern werden Baumwolle und Melonen angebaut.
- **Afghanistan** wurde durch 17 Jahre Krieg zerstört, bis 1996 die Taliban an die Macht kamen, deren strenge Herrschaft 2001 beendet wurde.

Pakistan und Bangladesch

- **Pakistan:** Hauptstadt: Islamabad. Einwohner: 144,1 Mio. Währung: Pakistanische Rupie. Sprache: Urdu.
- **Bangladesch:** Hauptstadt: Dhaka. Einwohner: 122,7 Mio. Währung: Taka. Sprache: Bengali.
- **Das Pandschab-Tal** ist das am dichtesten bevölkerte Gebiet in Pakistan. Das Tal hat seinen Namen, der „Fünf Flüsse" bedeutet, von fünf Nebenflüssen des Indus, die das Tal fruchtbar machen. Trotzdem sind große Teile des Tals trocken und abhängig von einem der größten Bewässerungssysteme der Welt.
- **Pakistans** wichtigste Exportgüter sind Textilien, Zement und Werkzeugmaschinen.

▶ *Rikschas werden zum Warentransport und zur Personenbeförderung benutzt.*

- **Busse, Lastwagen und Rikschas** sind in Pakistan mit bunten Mustern, Bildern von Filmstars oder religiösen Motiven bemalt.

Pakistan

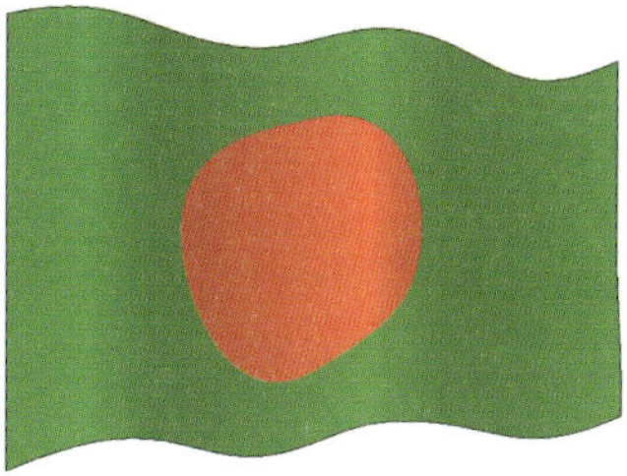
Bangladesch

- **Pakistans Hauptstadt** Islamabad entstand erst in den 60er Jahren des letzten Jahrhunderts. Die größte Stadt und industrielles Zentrum Pakistans ist die Hafenstadt Karatschi.
- **Die meisten Menschen** in Pakistan und Bangladesch sind Muslime.
- **Jute** ist eine Grasart, die in dem warmen, feuchten Klima Bangladeschs wächst. Man kann daraus Seile, Säcke und Teppiche herstellen.
- **Jute** ist das wichtigste Exportgut in Bangladesch.
- **Der größte Teil** Bangladeschs ist sehr flach und von Überschwemmungen bedroht.

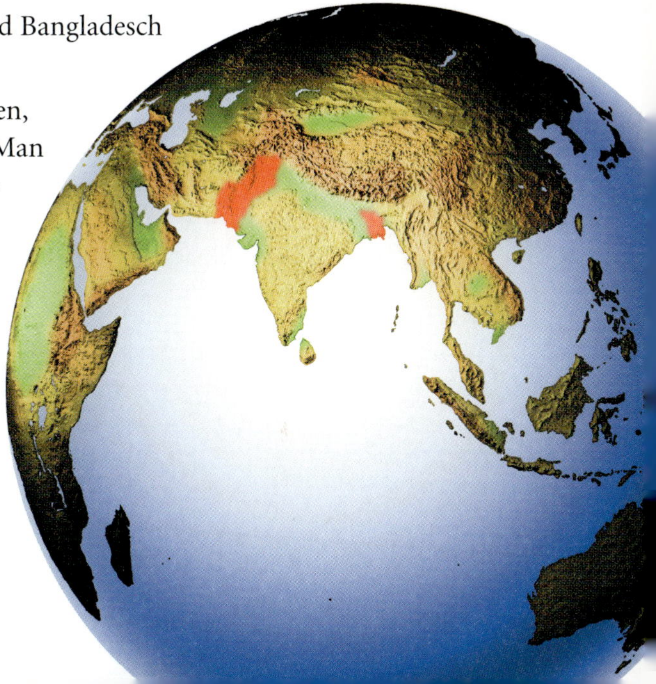

Indien

- **Hauptstadt:** Neu-Delhi. Fläche: 3.287.263 km². Währung: Indische Rupie. Spachen: Hindi und Englisch.
- **Höchster Berg:** Kanchenjunga (8.598 m). Längster Fluss: Ganges (2.510 km).

▲ *Für die Hindus ist der Ganges ein heiliger Fluss und Ziel zahlloser Pilger, die in seinem Wasser baden wollen.*

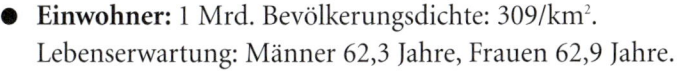

- **Einwohner:** 1 Mrd. Bevölkerungsdichte: 309/km². Lebenserwartung: Männer 62,3 Jahre, Frauen 62,9 Jahre.
- **Bruttosozialprodukt:** 357,4 Mrd. Euro, 370 Euro pro Kopf.
- **Exportgüter:** Edelsteine, Schmuck, Bekleidung, Baumwolle, Textilien, Tee.
- **Der Monsun**, die Regenzeit, dauert sechs Monate. Während der übrigen Zeit ist es trocken.
- **Indien** ist die größte Demokratie der Welt.
- **Ein Großteil** der indischen Weizenernte wird exportiert. Deshalb sind die Getreidepreise für viele Inder zu hoch.
- **Indien** ist die zwölftgrößte Industrienation der Welt. Obwohl die Textilindustrie noch immer von großer Bedeutung ist, verlagert sich der wirtschaftliche Schwerpunkt immer mehr auf Schwerindustrien, wie die Stahl- und Automobilproduktion.

◄ *Hindufrauen tragen seit alters her bunte Wickelgewänder, so genannte Saris, aus feinen Stoffen wie Seide.*

Indische Küche

▲ *Zur Herstellung von Soßen wird eine Vielzahl von Gewürzen benutzt.*

- **Die meisten Inder** ernähren sich sehr einfach. Grundlage bilden Reis im Osten und im Süden, Chapatis (Weizenfladenbrot) im Norden und Nordwesten und Bajra (Hirsebrot) im Bundesstaat Maharashtra.
- **Die Grundnahrungsmittel** werden ergänzt durch Dal (Linsenmus), Gemüse und Jogurt.
- **Gewürze** wie Chili, Koriander, Ingwer und Kurkuma sorgen für den richtigen Geschmack.

- **Hühner** und Hammel sind teuer und werden nur selten gegessen. Hindus essen kein Rind-, Muslime kein Schweinefleisch.
- **Die meisten indischen Gerichte** werden mit *Ghee* (geklärte Butter) zubereitet, die hergestellt wird, indem man der Butter das Wasser entzieht.
- **Obwohl** die meisten Inder sich sehr einfach ernähren, hat die Indische Küche eine alte Tradition.
- **Currygerichte** basieren auf einer Soße aus den wichtigsten indischen Gewürzen Kurkuma, Kreuzkümmel, Koriander und Paprika. Das Wort Curry kommt aus dem Tamilischen und bedeutet Soße.

▲ *Ein indisches Gericht wird meist auf verschiedenen Tellern serviert. Dazu gehören verschiedene Soßen zum Eintunken.*

- **Grundlage eines Currygerichts** ist eine Masala, eine Paste aus Gewürzen und Wasser oder Essig.
- **Südindische Gemüsecurrys** werden mit scharfen Gewürzmischungen gewürzt.
- **Die klassischen nordindischen Fleischgerichte** werden milder gewürzt.

China

▲ *China produziert ein Drittel der Weltreisernte.*

- **Hauptstadt:** Peking. Fläche: 9.560.900 km². Währung: Yuan. Sprache: Hochchinesisch.
- **Höchster Berg:** Mount Everest (8.848 m). Längster Fluss: Jangtse (6.300 km).
- **Einwohner:** 1.261 Mio. Bevölkerungsdichte: 127/km². Lebenserwartung: Männer 67,9 Jahre, Frauen 72 Jahre.
- **Bruttosozialprodukt:** 902 Mrd. Euro, 860 Euro pro Kopf.
- **Exportgüter:** Maschinen, Bekleidung, Rohöl, Tabak, Getreide, Fischprodukte.
- **China** ist das drittgrößte Land der Erde. Es erstreckt sich vom Himalaja im Westen zu den großen Ebenen am Gelben Fluss und am Jangtse im Osten, wo die meisten Menschen leben.
- **China** ist das am dichtesten besiedelte Land der Welt. Wegen des schnellen Bevölkerungswachstums darf seit 1979 jede Familie nur noch ein Kind haben.
- **70%** der chinesischen Bevölkerung leben und arbeiten auf dem Lande. Aber seit sich das Land zunehmend nach Westen hin öffnet, ziehen immer mehr Menschen in die wachsenden Industriestädte, um dort Arbeit zu finden.

...FASZINIEREND!...
Alle 2 Sek. wird in China ein Baby geboren.
Alle 2,5 Sek. stirbt dort ein Mensch.

● **Als China 1949** kommunistisch wurde, floh die nationalistische Regierung auf die Insel Taiwan. Bis heute streiten China und Taiwan darüber, wer China regieren soll. Taiwan hat eine florierende Wirtschaft und ist der größte Hersteller von Computerteilen der Welt.

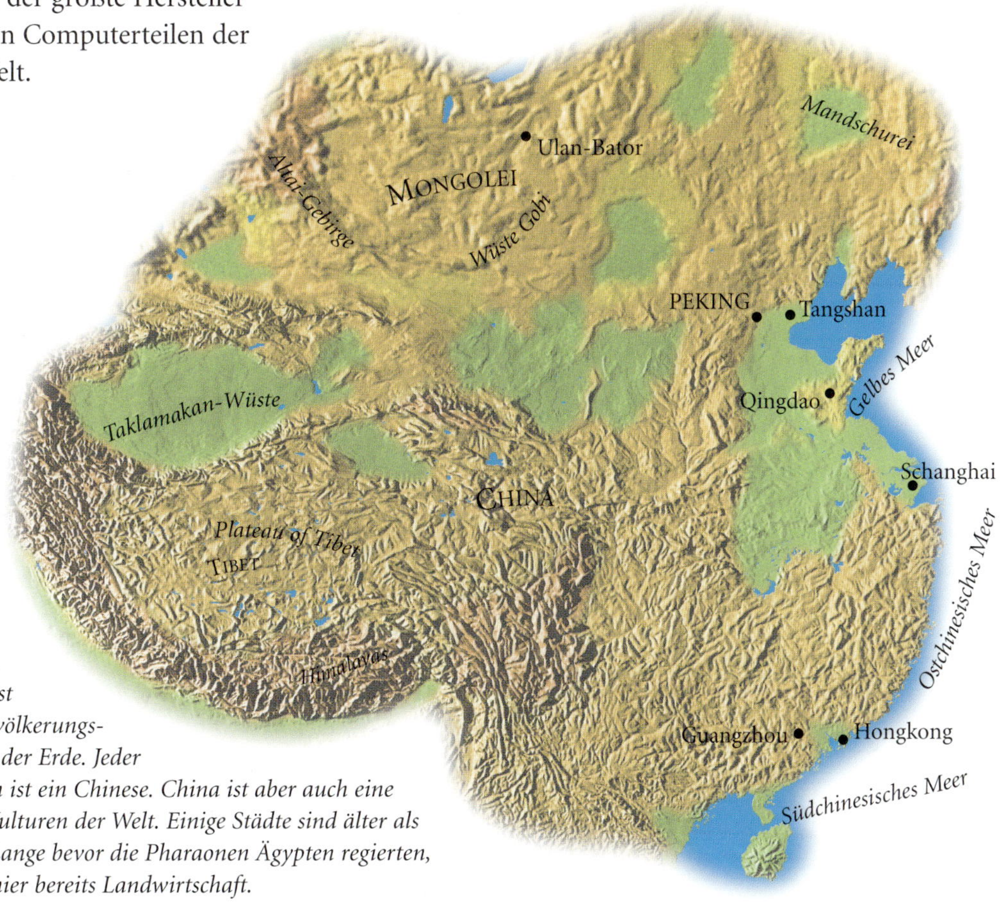

▶ *Mit nahezu 1.300 Mio. Einwohnern ist China das bevölkerungsreichste Land der Erde. Jeder fünfte Mensch ist ein Chinese. China ist aber auch eine der ältesten Kulturen der Welt. Einige Städte sind älter als 3.500 Jahre. Lange bevor die Pharaonen Ägypten regierten, betrieb man hier bereits Landwirtschaft.*

Chinesische Küche

- **Die Grundnahrungsmittel** in China sind Reis und Weizen sowie Mais und Hirse. Im Süden wird mehr Reis, im Norden mehr Weizen als Nudeln gegessen.
- **Gemüse,** wie Kohl, Bohnen und Bambussprossen, und Tofu (eine Art Käse aus Sojabohnen) sind allgemein beliebt.
- **Viel gegessen** werden Schweine- und Geflügelfleisch, aber auch Eier, Fisch und Muscheln.
- **Ein chinesisches Frühstück** kann sein: Reis mit Gemüse, Reismus mit Hühnersuppe oder süße Pasteten.
- **Mittags** kann es Fleisch- oder Krebsfleischklöße geben, die *dim sum* genannt werden.

▲ *Chinesisches Essen ist vielfältig, es reicht von glitschigen Pilzen bis zu knusprigem Gemüse.*

...FASZINIEREND!...
Die Chinesen trinken seit mindestens 4.000 Jahren Tee.

- **Die Chinesische Küche** hat eine alte Tradition und unterschiedliche Richtungen. In der Kantonesischen Küche im Süden werden Fisch, Krebse und Krabben verwendet. In Huaiyang gibt es viele gekochte Gerichte. In Szechuan im Norden kocht man sehr scharf. Weltbekannt ist die Peking-Ente.

▲ *In China sehr beliebt sind frittierte Klöße.*

- **Die Chinesen** kochen viele Gerichte unter ständigem Umrühren in großen, runden Pfannen, so genannten Woks. Gegessen wird aus Schälchen mit Stäbchen und kleinen Löffeln, nicht aber mit Messer und Gabel.
- In China trinkt man Tee ohne Milch. Besondere Sorten sind Jasmin- und Chrysanthementee und Grüner Tee.

Hongkong

- **Hongkong** ist eine besondere städtische Region an der Südküste Chinas. Sie besteht aus einer Halbinsel und 235 Inseln.
- **Hongkong** war von 1842 bis zum 1. Juli 1997 britische Kolonie.
- **In Hongkong** leben mehr als sechs Millionen Menschen.
- **Hongkong** ist eine der betriebsamsten, dynamischsten und bevölkerungsreichsten Städte der Welt. Hier werden riesige Mengen Textilien und andere Waren hergestellt. Außerdem ist hier eines der wichtigsten Finanz- und Handelszentren der Welt.

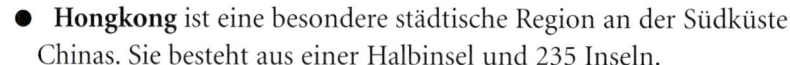

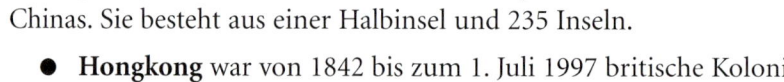

...FASZINIEREND!...
Der geplante Turm von Kowloon soll 574 m hoch werden.

▼ *Die Schanghai-Bank in Hongkong ist ein wichtiges Finanz- und Handelszentrum.*

▲ *Die Straßen Hongkongs sind hektisch, überall sieht man Neonreklame.*

- **Nur 2 %** der Bevölkerung Hongkongs sind keine Chinesen. Aber viele Chinesen sprechen genauso gut Englisch wie Chinesisch.
- **Der Hafen** von Hongkong gehört neben Rotterdam und Singapur zu den drei größten Häfen der Welt.
- **Hongkong** hat den größten Containerhafen der Welt.
- **Der Flughafen** von Hongkong ist einer der modernsten der Welt.
- **Der Turm** der Hongkong-Schanghai-Bank ist eines der eindrucksvollsten Bürogebäude der Welt.

Nord- und Südkorea

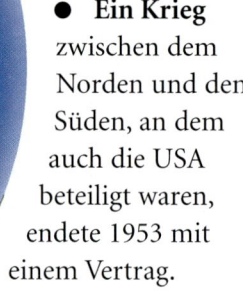

- **Nordkorea:** Hauptstadt: Pjöngjang. Einwohner: 23 Mio. Währung: Won. Sprache: Koreanisch.
- **Südkorea:** Hauptstadt: Seoul. Einwohner: 45,7 Mio. Währung: Won. Sprache: Koreanisch.
- **Korea** ist seit 1948 in den kommunistischen Norden und den kapitalistischen Süden geteilt.
- **Ein Krieg** zwischen dem Norden und dem Süden, an dem auch die USA beteiligt waren, endete 1953 mit einem Vertrag.
- **Nord- und Südkorea** haben noch heute große Armeen. Südkorea hat über eine halbe Million Soldaten.
- **Dank der Unterstützung** durch amerikanische Banken ist Südkorea eine der am schnellsten wachsenden Volkswirtschaften der Welt geworden.

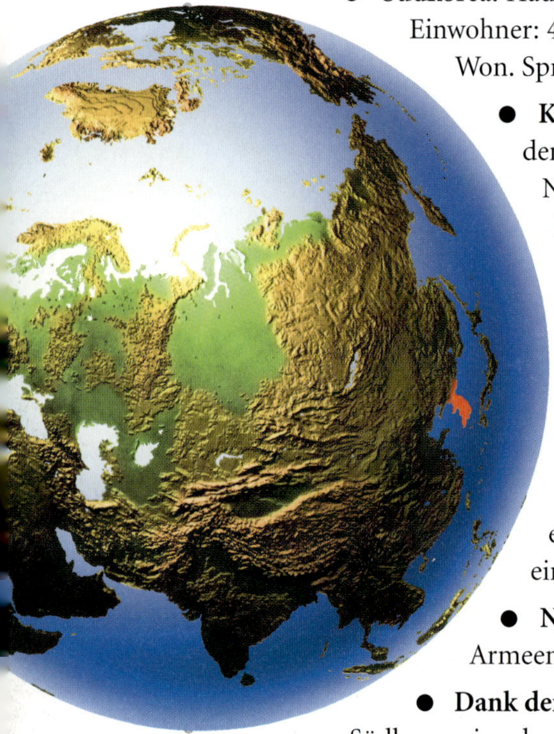

Nordkorea

Südkorea

- **In gewaltigen Fabriken** werden Waren aller Art, von Computern bis zu Autos, hergestellt.
- **Auf südkoreanischen Werften** wird eines von sechs Schiffen auf der Welt gebaut. Nur Japan baut noch mehr.
- **Nach zwei Jahren** mit Überschwemmungen und Dürren litt Nordkorea 1997 unter Nahrungsmangel.

▼ *Seoul ist mit über 12 Millionen Einwohnern eine der größten Städte der Welt. Hier ist das Zentrum der südkoreanischen Kultur und Wirtschaft.*

Japan

- **Hauptstadt:** Tokio. 377.727 km². Währung: Yen. Sprache: Japanisch.
- **Höchster Berg:** Fudschijama. Längster Fluss: Shinano-Gawa (370 km).
- **Einwohner:** 126 Mio. Bevölkerungsdichte: 332/km². Lebenserwartung: Männer 76,8 Jahre, Frauen 82,9 Jahre.
- **Bruttosozialprodukt:** 4.812 Mrd. Euro, 38.160 Euro pro Kopf.
- **Exportgüter:** Elektronik, Stahl, Autos, Schiffe, Chemikalien, Textilien, Maschinen.

▲ Japan besteht aus vier großen – Hokkaido, Honshu, Shikoku und Kyushi – und nahezu 4.000 kleineren Inseln und erstreckt sich über fast 2.000 km im Westpazifik. Seit dem späten 20. Jhdt. sind die vier Hauptinseln durch Brücken oder Tunnel miteinander verbunden.

- **Japan** ist sehr gebirgig. Deshalb befinden sich die großen Städte, in denen 90% der Bevölkerung leben, in den flachen Küstengebieten. Allein im Stadtgebiet von Tokio leben 30 Mio. Menschen und machen die Stadt zur größten der Welt. Wegen des Platzmangels gibt es in Tokio und anderen Städten hohe Wolkenkratzer, die wegen der Erdbebengefahr auf sehr tiefen Fundamenten errichtet werden.
- **Japan** ist bekannt für seine elektronischen Waren, wie Walkmen und Spielkonsolen. Außerdem ist Japan führend im Schiffbau und der Automobilproduktion.
- **Nur 15%** der Fläche sind landwirtschaftlich nutzbar. Deshalb gibt es Millionen kleiner Reisfelder im Küstengebiet oder auf Bergterrassen.
- **Obwohl** die meisten Japaner einen modernen Lebensstil bevorzugen, haben sich viele alte Traditionen erhalten.

▲ *Der schöne, schneebedeckte Fudschijama ist der berühmteste der 2.000 Vulkane in Japan und der Heilige Berg der Shinto-Religion.*

...FASZINIEREND!...
Japan hat mit 400.000 Schiffen die größte Fischfangflotte der Welt.

Tokio

▲ *Zarte Kirschblüten wie hier im Shinjuku-Park in Tokio stehen für die große Schönheit der Natur Japans.*

- **Tokio** gehört zu den größten städtischen Regionen der Welt. Mit der Hafenstadt Yokohama und den Städten Chiba und Kawasaki bildet Tokio ein Gebiet mit 30 Millionen Einwohnern.
- **Tokio** ist Hauptstadt und führendes Finanz- und Industriezentrum Japans.
- **Tokios** Börse gehört neben denen von London und New York zu den drei größten Börsen der Welt.

- **Tokio** hieß früher Edo und war militärisches Zentrum der Shogun. 1868 wurde die Stadt in Tokio umbenannt und Hauptstadt des Kaiserreichs.
- **Auf einen Quadratkilometer** kommen 14.000 Menschen, doppelt so viel wie in New York.
- **Einige Hotels** in Tokio bieten ihren Gästen Schlafkabinen an, die kaum größer als ein Kühlschrank sind.

▲ *Tokio ist vielleicht die geschäftigste, quirligste Stadt der Welt.*

- **Während der Hauptverkehrszeit** werden jeden Tag 10 Millionen Fahrgäste von „Schiebern" in die Nahverkehrszüge gestopft.

FASZINIEREND!
Tokio hat allem Anschein nach die meisten Neonschilder aller Städte.

- **Verkehrspolizisten** in Tokio tragen Atemschutzgeräte.
- **Tokio** verbindet modernen westlichen Lebensstil mit uralter japanischer Tradition.

Thaillland und Myanmar

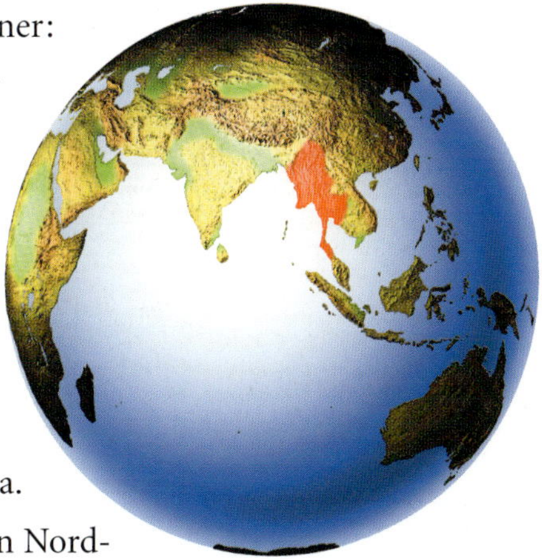

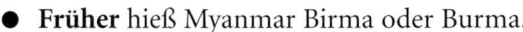

- **Thailand:** Hauptstadt: Bangkok. Einwohner: 59,7 Mio. Währung: Baht. Sprache: Thai.
- **Myanmar:** Hauptstadt: Rangun. Einwohner: 44,6 Mio. Währung: Kyat. Sprache: Birman.
- **Obwohl 1990** die demokratische Partei von Aung San Suu Kyi freie Wahlen in Myanmar gewonnen hat, wird das Land bis heute vom Militär regiert.
- **Früher** hieß Myanmar Birma oder Burma.
- **Der Opiumanbau** ist für die Menschen in Nord-Myanmar eine der wenigen Möglichkeiten, Geld zu verdienen.
- **Die schönsten Rubine** der Welt kommen aus Mogok in Myanmar.
- **Die meisten Einwohner** Thailands und Myanmars leben auf dem Lande und bauen Reis an.
- **Die meisten Menschen** leben in fruchtbaren Tälern und in den Deltas des Irrawaddy-Flusses in Myanmar und des Chao Phraya in Thailand.
- **Millionen von Touristen** kommen Jahr für Jahr, um die Strände Thailands und die Hauptstadt Bangkok zu besuchen.

◀ *Bangkok wird von vielen Kanälen durchzogen, die als Transportwege genutzt werden.*

Vietnam und Nachbarn

- **Vietnam:** Hauptstadt: Hanoi. Einwohner: 72,5 Mio. Währung: Dong. Sprache: Vietnamesisch.
- **Laos:** Hauptstadt: Vientiane. Einwohner: 4,6 Mio. Währung: Kip. Sprache: Lao.
- **Kambodscha:** Hauptstadt: Phnom Penh. Einwohner: 10 Mio. Währung Riel. Sprache: Khmer.
- **Indonesien:** Hauptstadt: Jakarta. Einwohner: 194 Mio. Währung: Rupiah. Sprache: Indonesisch.
- **Laos, Vietnam und Kambodscha** waren früher französische Kolonien und litten nach Ende der französischen Herrschaft jahrzehntelang unter Krieg.
- **Laos und Vietnam** haben kommunistische Einparteienregierungen. Seit 1993 ist Kambodscha wieder ein Königreich.
- **Viele Menschen** in Laos und Vietnam sind arm und leben vom Reisanbau. Laos ist das ärmste Land der Welt.

▲ *Felder am Fuße der höchsten Berge Vietnams in Sapa.*

▲ *Die Halong-Bucht in Vietnam. Eine schöne Küste mit Sandstränden zieht sich entlang der Ostküste des Landes.*

- **In Indonesien** wurde der Diktator General Suharto von einem gewählten Präsidenten abgelöst. Das Militär hat aber noch immer große Macht.
- **Verteilt auf über 13.677** Inseln ist Indonesien eines der am dichtesten besiedelten Länder der Welt. In der Hauptstadt Jakarta leben sieben Millionen Menschen. Hier ist auch das industrielle Zentrum des Landes.
- **Der indonesische Regenwald** wird in rasanter Geschwindigkeit von Holzfällern zerstört.

▲ *Südost-Asien ist ein fruchtbares Gebiet, in dem buddhistische und hinduistische Könige einst riesige Tempel errichteten. Viele Menschen, die hier leben, sind bitterarm.*

Malaysia und Singapur

- **Malaysia:** Hauptstadt: Kuala Lumpur. Einwohner: 21 Mio. Währung: Ringgit. Sprache: Malaiisch.
- **Singapur:** Hauptstadt: Singapur. Einwohner: 3,4 Mio. Währung: Singapur-Dollar. Sprachen: Englisch, Chinesisch, Malaiisch, Tamil.

Malaysia

Singapur

- **Malaysia** besteht aus verschiedenen Teilen, der Halbinsel Malaysia sowie Sarawak und Sabah auf der Insel Borneo.
- **1980** war Malaysia noch ein Agrarland, das vom Kautschuk-Export lebte.
- **Billige, gut ausgebildete Arbeitskräfte** und Ölfunde haben aus Malaysia eine der am schnellsten wachsenden Volkswirtschaften der Welt gemacht, sichtbar an den Wolkenkratzern in Kuala Lumpur.

▲ *Die Stadt Singapur ist eine der geschäftigsten und reichsten Städte in Asien. Hier wohnen 90% der Bewohner Singapurs.*

- **Singapur** hat den geschäftigsten Hafen der Welt. Rund um die Uhr macht hier alle drei Minuten ein Schiff fest.
- **Singapur** ist eines der erfolgreichsten Handels- und Produktionszentren Asiens.
- **Singapur** hat ein hochmodernes Verkehrssystem, das aufgrund von strengen Gesetzen fast klinisch sauber gehalten wird.

▼ *In Kuala Lumpur befindet sich einer der größten chinesischen Tempel Südostasiens.*

Menschen in Südasien

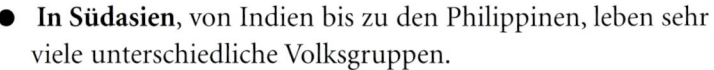

- **In Südasien**, von Indien bis zu den Philippinen, leben sehr viele unterschiedliche Volksgruppen.
- **In Indien** gibt es hunderte unterschiedlicher ethnischer Gruppen mit 30 Sprachen und 1.500 Dialekten.
- **Auch in Indonesien** gibt es viele verschiedene Gruppen und mehr als 250 verschiedene Sprachen.
- **In Kambodscha**, Vietnam, Thailand, Myanmar und Sri Lanka sind die meisten Einwohner Buddhisten.
- **In Indonesien**, Malaysia, Pakistan und Bangladesch leben überwiegend Muslime.
- **83%** der Inder sind Hindus.
- **Das Wort *Hindu*** stammt von dem Fluss Indus, an dem vor 4.500 Jahren eine der größten frühen Hochkulturen entstand.
- **Nach Hindu-Tradition** werden die Menschen in verschiedene Gruppen, den Kasten, hineingeboren. Mitglieder der einzelnen Kasten dürfen nur bestimmte Arbeiten ausführen, bestimmte Kleidung tragen und bestimmte Nahrungsmittel essen.

◀ *Die meisten Vietnamesen, wie dieses Mädchen, haben breite Gesichter, hohe Wangenknochen und glattes schwarzes Haar. Dennoch ist die Bevölkerung gemischt: eine Million Thai, eine Million Chinesen und 900.000 Khmer.*

▶ *Wat Phra Keo, der Königliche Tempel in Bangkok.*

- **Die meisten Inder** stammen sowohl von den Drawida ab als auch von den Ariern, die vor 3.500 Jahren in Indien einfielen und die Drawida in den Süden zurückdrängten.
- **Die meisten Bewohner** von Ost-Timor sind Christen. Vor der Unabhängigkeit wurde das Land von der indonesischen Militärregierung unterdrückt.

◀ *Etwa 95% der Thai sind Buddhisten. Dieser uralte buddhistische Tempel liegt 75 km nördlich von Bangkok.*

Nordafrika

- **Marokko:** Hauptstadt: Rabat. Einwohner: 26,9 Mio. Währung: Dirham.
- **Algerien:** Hauptstadt: Algier. Einwohner: 29,4 Mio. Währung: Algerischer Dinar.
- **Tunesien:** Hauptstadt: Tunis. Einwohner: 9,2 Mio. Währung: Tunesischer Dinar.
- **Libyen:** Hauptstadt: Tripolis. Einwohner: 5,2 Mio. Währung: Libyscher Dinar.
- **Sprache:** In allen vier Ländern: Arabisch.
- **Marokko und Tunesien** liefern einen großen Teil des Weltbedarfs an Phosphor.
- **Algerien, Libyen und Tunesien** haben große Erdöl- und Gasvorkommen.
- **Die Menschen in Marokko, Tunesien und Algerien** essen große Mengen an Kuskus, ein Gericht aus gekochtem Weizengrieß, das zu gedünstetem Lamm oder Gemüse serviert wird.

◀ *Dieses Kolosseum stammt aus der Römerzeit. Die Römerherrschaft in Tunesien dauerte von 146 v. Chr. bis zur Invasion der Wandalen im Jahre 439 n. Chr.*

▲ *Reich verzierte Produkte, wie diese Kerzen, findet man in den marokkanischen Städten Fez und Marrakesch.*

- **In Marokko** zieht man es vor, mit der rechten Hand zu essen, statt Messer und Gabel zu benutzen.
- **Die historischen Städte** Fez und Marrakesch sind bekannt für ihre bunten Märkte, wo Tausende von Touristen schöne handgewebte Teppiche, Lederwaren und Schmuck kaufen.

... FASZINIEREND! ...
Libyen baut mit 3.870 km den längsten künstlichen Wasserlauf der Welt, um 800 km^2 Land zu bewässern.

Ägypten und Nachbarn

- **Ägypten:** Hauptstadt: Kairo. Einwohner: 64,7 Mio. Währung: Ägyptisches Pfund. Sprache: Arabisch.
- **Äthiopien:** Hauptstadt: Addis Abeba. Einwohner: 58,2 Mio. Währung: Birr. Sprache: Amharisch.
- **Sudan:** Hauptstadt: Khartoum. Einwohner: 27,7 Mio. Währung: Sudanesischer Dinar. Sprache: Arabisch.
- **Ägyptens** wichtigste Einnahmequelle sind Touristen, die historische Stätten, wie die 4.700 Jahre alte Cheops-Pyramide, besuchen.

◀ *Die Sultan-Hassan-Moschee in Kairo aus dem 14. Jhdt. ist ein herausragendes Beispiel für muslimische Architektur.*

- **99%** der Ägypter leben am Nil, der Trinkwasser und Wasser für Landwirtschaft und Industrie liefert. Durch den Assuan-Staudamm wird der Nil zum größtem Süßwasserstausee der Welt aufgestaut.
- **Kairo** hat über zehn Millionen Einwohner. Die Bevölkerung wächst aber so schnell, dass es ernsthafte Unterbringungs- und Verkehrsprobleme gibt.
- **In Ägypten und im Sudan** werden große Mengen Baumwolle angebaut.
- **Der Sudan** ist das größte Land Afrikas.
- **In den 80er- und 90er-Jahren** des letzten Jahrhunderts litten die Menschen in Äthiopien, dem Sudan und in Somalia unter Hungersnöten. Viele Menschen dort sind noch immer sehr arm und haben nicht genug zu essen.

▼ *Die Pyramiden, große Grabstätten, wurden in der Nähe des Nils am Rande der Wüste*

Westafrika

▲ *Kakaobohnen werden an der Sonne getrocknet. Die Elfenbeinküste ist weltgrößter Hersteller von Kakaobohnen.*

- **Die Länder Westafrikas** sind: Mauretanien, Mali, Burkina Faso, Senegal, Gambia, Guinea-Bissau, Liberia, Guinea, Elfenbeinküste, Ghana, Sierra Leone, Togo, Benin sowie Sao Tomé und Principe.
- **Ghana:** Hauptstadt: Accra. Einwohner: 18,7 Mio. Währung: Cedi. Sprache: Englisch.
- **Elfenbeinküste:** Hauptstadt: Yamoussoukro. Einwohner: 13,6 Mio. Währung: CFA-Franc. Sprache: Französisch.

Ghana

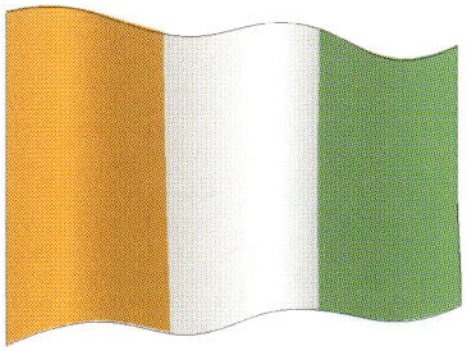

Elfenbeinküste

Mali

- **Mali:** Hauptstadt: Bamako. Einwohner: 10,4 Mio. Währung: CFA-Franc. Sprache: Französisch.
- **In Westafrika** wird über die Hälfte der Kakaobohnen der Welt angebaut.
- **Jamswurzeln** sind Hauptbestandteil der Nahrung in Westafrika.
- **Westafrika** ist reich an Gold und Diamanten. Beide bildeten die Grundlage für die Entwicklung der frühen Kultur in Mali mit seiner Hauptstadt Timbuktu.
- **Ghana und Guinea** sind reich an Bauxit (Aluminiumerz).
- **Ghana** wurde wegen seines Goldreichtums auch Goldküste genannt.
- **Ghana** ist zwar noch immer arm, aber unter Präsident Rawling wurden seine jungen Leute zu den am besten ausgebildeten in Afrika.

▲ *Jamswurzeln sind ein Grundnahrungsmittel und werden bei allen Gelegenheiten gegessen.*

Nigeria und Nachbarn

▲ *Der Baobab-Baum wächst in der afrikanischen Savanne. Sein massiver Stamm dient als Wasserspeicher und liefert große, fleischige Früchte.*

- **Nigeria:** Hauptstadt: Abuja. Einwohner: 103,9 Mio. Währung: Naira. Sprache: Englisch.
- **Niger:** Hauptstadt: Niamey. Einwohner: 9,8 Mio. Währung: CFA-Franc. Sprache: Französisch.

- **Tschad:** Hauptstadt: N'Djamena. Einwohner: 7,1 Mio. Währung: CFA-Franc. Sprachen: Arabisch und Französisch.

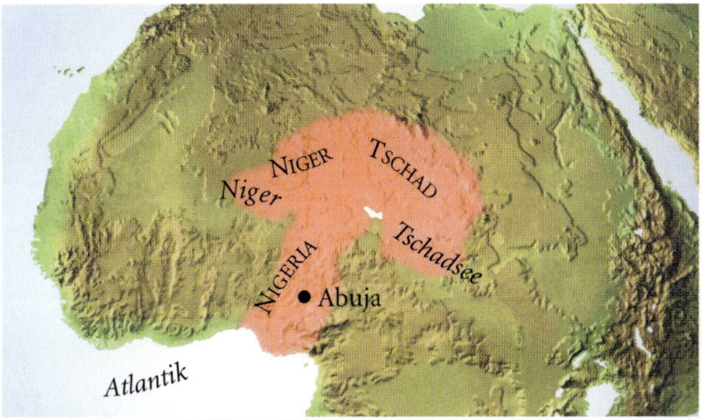

▲ *Nigeria, Niger und Tschad am Südrand der Sahara sind durch Klimaveränderung und Ausdehnung der Wüsten besonders gefährdet.*

- **Die meisten Menschen** im Norden Nigerias, in Niger und im Tschad sind Selbstversorger und bauen ihre Lebensmittel selbst an.
- **Die Niederschlagsmengen** wachsen von Norden nach Süden dramatisch an. Im trockenen Norden wird Hirse angebaut, im feuchten Süden Reis und Wurzelfrüchte wie Jams, die gekocht zu Ziegen- und Hühnerfleisch sowie Fisch gegessen werden.
- **Erdöl** macht 98 % der Einnahmen Nigerias aus.
- **Das Erdöl** hat Nigeria zum am dichtesten besiedelten Land Afrikas gemacht, inbesondere um die Hauptstadt Lagos herum.
- **Nach jahrelangem Bürgerkrieg** und einer Militärdiktatur wurde Nigeria 1998 demokratisch.

Zentralafrika

- **Äquatorialguinea:** Hauptstadt: Malabo. Einwohner: 400.000. Währung: CFA-Franc. Sprache: Spanisch.
- **Gabun:** Hauptstadt: Libreville. Einwohner: 1,1 Mio. Währung: CFA-Franc. Sprache: Französisch.
- **Republik Kongo:** Hauptstadt: Brazzaville. Einwohner: 2,6 Mio. Währung: CFA-Franc. Sprache: Französisch.
- **Kamerun:** Hauptstadt: Jaundé. Einwohner: 12,8 Mio. Währung: Franc. Sprachen: Französisch und Englisch.
- **Zentralafrikanische Republik (ZAR):** Hauptstadt: Bangui. Einwohner: 3,4 Mio. Währung: CFA-Franc. Sprachen: Französisch und Sango.
- **Französisch und Englisch** sind zwar die offiziellen Sprachen, aber die meisten Leute sprechen ihre eigenen afrikanischen Sprachen.
- **Die meisten Menschen** in Gabun sind zwar Landwirte, aber Gabun ist reich an Eisen und Mangan und berühmt für sein Ebenholz und Mahagoni.

▲ *Kamerun, Gabun, Zentralafrika, Kongo und Äquatorialguinea liegen in Äquatornähe und sind zumeist dicht mit Regenwald bewachsen.*

- **75%** der Einwohner Kameruns sind Landwirte. Angebaut werden Hirse, Jamswurzeln und Süßkartoffeln. Die meisten Straßen in Kamerun sind staubige Sandpisten.
- **Die Zentralafrikanische Republik und Äquatorialguinea** sind wahrscheinlich die am wenigsten entwickelten Länder Afrikas.

▼ *Wegen Lehrermangels gehen viele Kinder in Kamerun nicht zur Schule. Nur 40% der 15-Jährigen können lesen und schreiben.*

Kongo (Dem. Rep.)

- **Hauptstadt:** Kinshasa. Fläche: 2.344.880 km^2. Währung: Kongo-Franc. Sprache: Französisch.
- **Höchster Berg:** Margherita (5.109 m). Längster Fluss: Kongo (4.667 km).
- **Einwohner:** 48 Mio. Bevölkerungsdichte: 20/km^2. Lebenserwartung: Männer 52 Jahre, Frauen 56 Jahre.
- **Bruttosozialprodukt:** 5,2 Mrd. Euro, 108 Euro pro Kopf.

▲ *Im Kongo werden Diamanten abgebaut.*

◀ *Kaffee ist eine wichtige Finanzquelle: Er wird vornehmlich angebaut, um ins Ausland verkauft zu werden, weniger um die eigene Bevölkerung Kongos zu versorgen.*

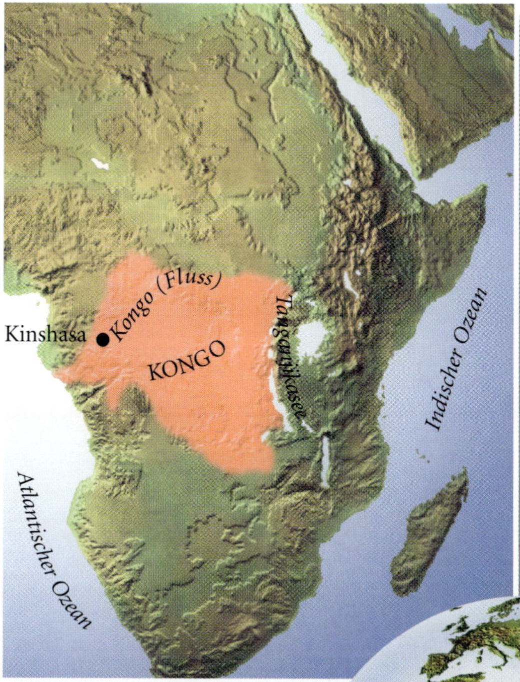

▲ *Kongo liegt am Äquator. Ein Drittel der Fläche ist mit dichtem Regenwald bewachsen.*

- **Exportgüter:** Kupfer, Kobalt, Diamanten, Kaffee, Petroleum.
- **Von 1885 bis 1971** war die heutige Demokratische Republik Kongo belgische Kolonie und bekannt unter dem Namen Belgisch-Kongo. Von 1971 bis 1997 hieß das Land Zaire.
- **Kongo** ist einer führenden Kupferproduzenten der Welt. In Shaba (früher Katanga genannt) im Südosten des Landes gibt es ausgedehnte Kupferminen.
- **Kongo** gehört zu den bedeutendsten Produzenten von Industriediamanten.
- **Der Kongo** ist der achtgrößte Fluss der Welt und führt nach dem Amazonas mehr Wasser mit sich als jeder andere Fluss der Welt.

Kenia

- **Hauptstadt:** Nairobi. Fläche: 582.646 km^2. Währung: Kenia-Schilling. Sprachen: Kisuaheli und Englisch.
- **Höchster Berg:** Mount Kenia (5.199 m). Längster Fluss: Tana (800 km).
- **Einwohner:** 33,8 Mio. Bevölkerungsdichte: 50/km^2. Lebenserwartung: Männer 51,1 Jahre, Frauen 53 Jahre.
- **Bruttosozialprodukt:** 9,7 Mrd. Euro, 340 Euro pro Kopf.
- **Exportgüter:** Tee, Kaffee, Obst, Blumen, Gemüse, Petroleumerzeugnisse.
- **Archäologische Funde** am Turkana-See zeigen, dass schon vor Millionen von Jahren Menschen in Kenia gelebt haben.

▲ *Die Massai sind eine der etwa 50 Volksgruppen in Kenia. Die bunten Halsbänder und der Schmuck werden nur bei besonderen Anlässen getragen.*

- **Ein Großteil Kenias** ist trockenes Grasland. Die hier lebenden Wildtiere wie Löwen, Giraffen und Elefanten locken jährlich Tausende von Touristen ins Land.
- **Die meisten Kenianer** leben in kleinen ländlichen Siedlungen und bauen gerade so viele Lebensmittel an, dass es für den Eigenbedarf reicht. Es gibt aber auch große Tee-, Kaffee-, Gemüse- und Blumenplantagen.
- **Viele Kenianer** ziehen in die großen Städte Nairobi und Mombasa.
- **Kenias Bevölkerung** wächst rasant – um 3 % pro Jahr.

▼ *In Nairobis berühmtem Schlangenpark kann man Tiere wie diese ostafrikanische Buschschlange bewundern.*

Ostafrika

- **Tansania:** Hauptstadt: Dodoma. Einwohner: 28,8 Mio. Währung: Tansania-Shilling. Sprachen: Kisuaheli und Englisch.
- **Ruanda:** Hauptstadt: Kigali. Einwohner: 7,7 Mio. Währung: Ruanda-Franc. Sprachen: Französisch und Englisch.
- **Burundi:** Hauptstadt: Bujumbura. Einwohner: 6 Mio. Währung: Burundi-Franc. Sprachen: Französisch und Kirundi.
- **Uganda:** Hauptstadt: Kampala. Einwohner: 20,6 Mio. Währung: Uganda-Schilling. Sprachen: Englisch und Kisuaheli.
- **Malawi:** Hauptstadt: Lilongwe. Einwohner: 11,1 Mio. Währung: Kwacha. Sprachen: Englisch, Chichewa.
- **Der Nyasa-See** nimmt ein Fünftel der Fläche Malawis ein. Der hier lebende Usipa, ein sardinenähnlicher Fisch, ist der wichtigste Proteinlieferant des Landes.

◀ *Auf Safaris im Serengeti-Nationalpark in Tansania kann man Löwen, Elefanten, Giraffen und viele andere Tiere in freier Wildbahn bewundern.*

▲ *Die Gräser der Savanne bilden die Nahrungsgrundlage für Tiere wie Giraffen, Gazellen, Zebras und viele Vogel- und Insektenarten.*

- **Die Länder Ostafrikas** sind die wenigsten Stadtgebiete der Welt. 9 von 10 Menschen leben auf dem Lande.
- **Bei einem Stammeskrieg** zwischen Tutis und Hutus kam es 1994 in Ruanda und Burundi zu dem schlimmsten Völkermord der afrikanischen Geschichte.
- **Der Viktoriasee** an der Grenze zwischen Tansania und Uganda ist mit einer Fläche von 69.484 km² einer der größten Seen der Welt.

Südliches Afrika

◀ *Häuser bei Lobit. Drei von vier Angolanern leben in ländlichen Gebieten.*

- **Mosambik:** Hauptstadt: Maputo. Einwohner: 18,4 Mio. Währung: Metical. Sprache: Portugiesisch.
- **Angola:** Hauptstadt: Luanda. Einwohner: 11,7 Mio. Währung: Kwanza. Sprache: Portugiesisch.
- **Sambia:** Hauptstadt: Lusaka. Einwohner: 8,6 Mio. Währung: Kwacha. Sprache: Englisch.
- **Einwohner:** Namibia: 1,6 Mio. Botswana: 1,5 Mio. Swasiland: 966.000.
- **Große Gebiete** im südlichen Afrika sind für eine landwirtschaftliche Nutzung zu trocken. Maisanbau und Viehzucht reichen meist gerade für den Eigenbedarf.

- **In Mosambik** werden Tee und Kaffee in Plantagen für den Export angebaut, aber die meisten Leute, die hier arbeiten, sind arm.
- **Im Jahr 2000** wurde ein Großteil Mosambiks überschwemmt, als die Flüsse Sambesi und Limpop über die Ufer traten.
- **Sambia** ist der viertgrößte Kupferproduzent der Welt. Die Erlöse aus dem Kupferverkauf machen 85% der gesamten Landeseinnahmen aus.
- **Namibia** ist einer der größten Bleiproduzenten der Welt.
- **In Namibia** befindet sich die größte Uranmine der Welt. Außerdem lagern hier Diamantvorkommen von schätzungsweise drei Milliarden Karat.

▼ *Die Namib-Wüste zieht sich entlang der afrikanischen Westküste. Hier gibt es die höchsten Sanddünen der Welt; einige sind über 400 m hoch.*

Simbabwe

- **Hauptstadt:** Harare. Fläche: 390.759 km². Währung: Simbabwe-Dollar. Sprache: Englisch.
- **Höchster Berg:** Inyangani (2.595 m). Längster Fluss: Sambesi (2.700 km).
- **Einwohner:** 11,3 Mio. Bevölkerungsdichte: 29/km². Lebenserwartung: Männer 43,6 Jahre, Frauen 44,7 Jahre.
- **Bruttosozialprodukt:** 8,2 Mrd. Euro, 720 Euro pro Kopf.
- **Exportgüter:** Zigaretten, Baumwolle, Stahl, Gold und Nickel.
- **Simbabwe** war bis 1980 die britische Kolonie Rhodesien.
- **Der Name Simbabwe** kommt von dem gleichnamigen großen alten Steinpalast und bedeutet „Haus des Häuptlings".
- **Simbabwe** ist ein fruchtbares Land, in dem große Mengen Tabak, Baumwolle und anderes angebaut werden. Große Teile des Landes waren bis vor kurzem noch in der Hand weißer Farmer, die inzwischen jedoch enteignet worden sind.

▶ *Die Viktoriafälle gehören zu den größten Wasserfällen der Welt. Ihr Rauschen ist noch in 40 km Entfernung zu hören.*

- **Simbabwe** ist nach Südafrika die am höchsten industrialisierte Nation Afrikas. Hier werden Stahl, Zement, Autos, Maschinen, Textilien und vieles andere hergestellt. Das Industriezentrum ist Bulawayo.
- **98 %** der Einwohner Simbabwe sind schwarz. Die größte Bevölkerungsgruppe stellen die Shona, gefolgt von den Ndebele. Beide Gruppen haben eine eigene Sprache.

Südafrika

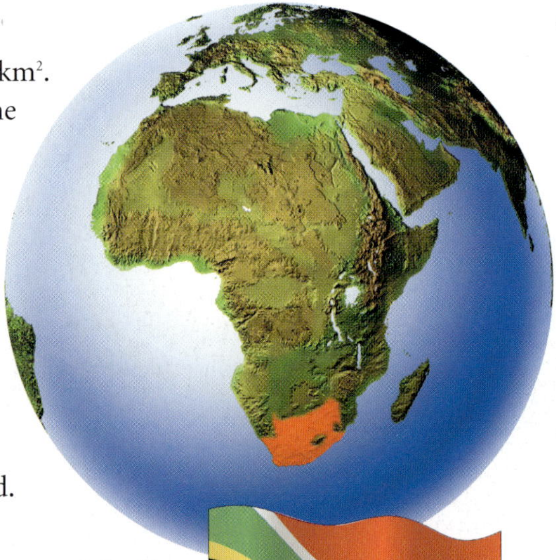

- **Hauptstadt:** Pretoria. Fläche: 1.225.815 km^2. Währung: Rand. Sprachen: 9 afrikanische Sprachen sowie Englisch und Afrikaans.
- **Höchster Berg:** Champagne Castle (3.375 m). Längster Fluss: Orange (2.173 km).
- **Einwohner:** 38,8 Mio. Bevölkerungsdichte: 31/km^2. Lebenserwartung: Männer 51,5 Jahre, Frauen 58,1 Jahre.
- **Bruttosozialprodukt:** 130,2 Mrd. Euro, 3.210 Euro pro Kopf.
- **Exportgüter:** Gold, Diamanten, Metalle und Metallprodukte, Maschinen, Zitrusfrüchte, Wein.
- **Bis 1991** gab es in Südafrika die Trennung von Menschen verschiedener Rassen, die so genannte Apartheit.
- **Apartheit** bedeutete, dass viele schwarze Menschen gezwungenermaßen in besonderen Städten (Townships), wie Soweto, wohnen mussten. Diese Städte lagen weit entfernt von den Arbeitsplätzen, sodass die Arbeiter jeden Tag stundenlang in überfüllten Bussen unterwegs waren.

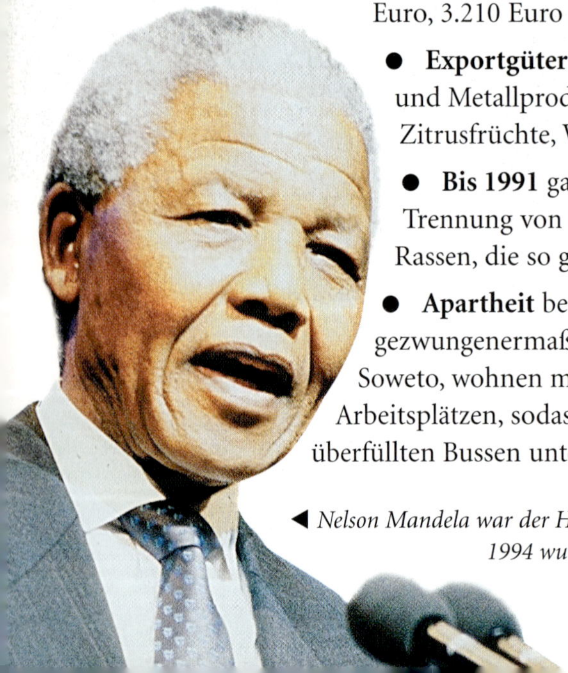

◀ *Nelson Mandela war der Held im Kampf gegen die Apartheit in Südafrika. 1994 wurde er der erste frei gewählte Präsident des Landes.*

... FASZINIEREND! ...
Im 20. Jhdt. kam fast die Hälfte der Weltproduktion an Gold aus Südafrika.

▲ *Mit mehr als vier Millionen Einwohnern ist Johannesburg die größte Stadt Südafrikas.*

- **Südafrika** hat drei Hauptstädte. Die Verwaltung ist in Pretoria, die Gerichtshöfe sind in Bloemfontein und Sitz des Parlaments ist Kapstadt.
- **Südafrika** produziert mehr Diamanten als der Rest der Welt zusammen.

Menschen in Afrika

▲ *Diese Gambier feiern mit Trommeln und Tänzen. Die fünf größten Volksgruppen in Gambia sind die Mandingo, Fula, Wolof, Serhuli und Jola.*

- **Archäologische Funde** belegen, dass Afrika der Kontinent ist, der am längsten von Menschen bewohnt wird.
- **In den nördlichen** Ländern wie Algerien, Marokko und Ägypten sind die meisten Menschen Araber.
- **Die Berber** waren die ersten Menschen, die in Nordwestafrika lebten. Ihre Kultur reicht mindestens bis zum Jahre 2.400 v.Chr. zurück und hat sich bis heute in abgelegenen Dörfern im Atlasgebirge in Algerien und Marokko erhalten.
- **Die Tuareg** sind ein Nomadenvolk, das mit Kamelherden durch die Sahara zieht.
- **Südlich der Sahara** haben die meisten Menschen schwarze Haut.
- **Unter den Schwarzafrikanern** gibt es mindestens 800 verschiedene Volksgruppen.

▼ *Die Tuareg sind die größte Nomadengruppe in der Sahara. Hier leben mehr als 300.000 von ihnen; hauptsächlich in Algerien, Mali und Niger.*

- **Die meisten Menschen** im südlichen Afrika sprechen Englisch oder eine der 100 Bantusprachen wie Zulu oder Kisuaheli.
- **Im südlichen Afrika** leben viele Menschen auf dem Lande in Rundhäusern.
- **Afrika** wurde von den Europäern in Kolonien aufgeteilt und beherrscht. Im frühen 20. Jhdt. wurde der Kontinent in Staaten aufgeteilt, und viele kleinere Gruppen mussten sich Stämmen und Kulturen unterordnen, die ihnen feindselig gegenüberstanden.

Australien

▲ *In New South Wales gibt es fast ein*

- **Hauptstadt:** Canberra. Fläche: 7.682.300 km^2. Währung: Australischer Dollar. Sprache: Englisch.
- **Höchster Berg:** Mount Kosciusko (2.228 m). Längster Fluss: Darling (2.739 km).
- **Einwohner:** 18,3 Mio. Bevölkerungsdichte: 2/km^2. Lebenserwartung: Männer 75,5 Jahre, Frauen: 81,1 Jahre.
- **Bruttosozialprodukt:** 394 Mrd. Euro, 20.650 Euro pro Kopf.
- **Exportgüter:** Erze und Mineralien, Kohle, Öl, Maschinen, Gold, Diamanten, Fleisch, Wolle, Getreideprodukte.
- **Australien** ist das einzige Land der Welt, das gleichzeitig ein Erdteil ist.

- **Australien** ist so trocken, dass nur 2 % der Fläche landwirtschaftlich genutzt werden können, obwohl das Land große Menge Weizen exportiert. Riesige Gebiete werden für Rinder- und Schafzucht genutzt. Australien ist außerdem bekannt für seinen Wein.
- **Australien** verfügt über gewaltige Vorkommen an Eisen, Aluminium, Zink, Gold und Silber. Allein die Eisenerzvokommen in der Mount-Goldsworthy-Mine werden auf 15 Mrd. Tonnen geschätzt. Broken Hill in New South Wales ist die größte Silbermine der Welt.

▶ *Australien ist der kleinste Erdteil, aber das sechstgrößte Land der Welt. Das Land ist größtenteils sehr trocken und nur dünn besiedelt. Die meisten Menschen leben im Südosten oder an den Küsten.*

Durch die Nullabor-Ebene führt die längste Eisenbahnlinie der Welt.

Die Great Dividing Range trennt die feuchte Küstenebene vom trockenen Hinterland, dem *Outback*.

FASZINIEREND!

Australiens 140 Mio. Schafe liefern mehr als 1/3 der Wollproduktion der Welt.

Wahrzeichen Australiens

▲ *Der Uluru ist für die Aborigines ein heiliger Berg. In Felshöhlen wurden viele tausend Jahre alte Bilder von Aborigine-Künstlern gefunden.*

- **Australiens** berühmtestes Wahrzeichen ist der Uluru oder Ayers Rock, der mit 348 m Höhe und 9 km Umfang größte Monolith der Welt.
- **Der Eyre-See** liegt 15 m unter dem Meeresspiegel und ist damit der tiefste Punkt Australiens. Wenn er nicht gerade austrocknet – was nur etwa alle 50 Jahre der Fall ist – ist er der mit Abstand größte See Australiens.

- **Die riesige Nullabor-Wüste** liegt in Südaustralien. Der Name stammt aus dem Lateinischen und bedeutet so viel wie „kein Baum“.
- **Die Haifisch-Bucht** ist berühmt für ihre Haie und Delfine.
- **Die Haifisch-Bucht** ist ebenso bekannt für ihre Stromatoliten, die mit 3,5 Mrd. Jahren ältesten Fossilien der Welt. Sie sehen aus wie pizzagroße Matten, die von Kolonien blaugrüner Algen gebildet wurden.
- **Der Darling** ist der längste Fluss Australiens (2.739 km), fließt aber nur im Sommer.
- **Das Große Barriere-Riff** ist ein Korallenriff, das sich entlang der Küste von Queensland vor Nordwestaustralien erstreckt.

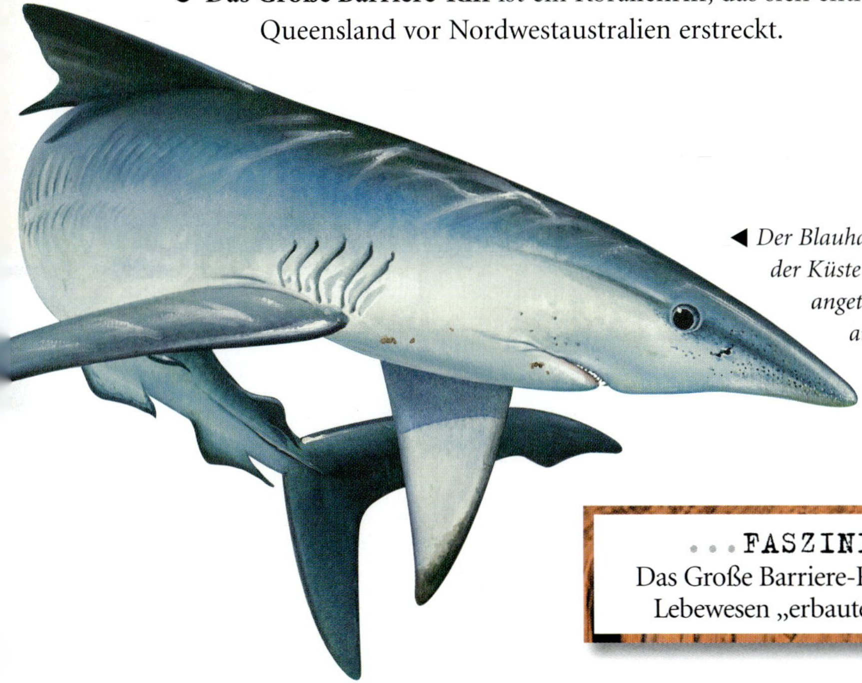

◀ *Der Blauhai wird manchmal vor der Küste Australiens angetroffen. Er nutzt sein ausgezeichnetes Gehör zur Jagd.*

FASZINIEREND!
Das Große Barriere-Riff ist das größte von Lebewesen „erbaute“ Gebilde der Welt.

Menschen in Australien

- **Die Ureinwohner** Australiens, die Aborigines, machen heute nur noch ca. 1,5 % der Bevölkerung aus.
- **Das Wort *aborigine*** stammt von dem lateinischen *ab origine*, was so viel bedeutet wie „von Beginn an".
- **Manche der gefundenen Aborigine-Höhlenmalereien** und -Werkzeuge sind vermutlich 45.000 Jahre alt.
- **Die Aborigines** bezeichnen sich selbst als Kooris.
- **Vor etwa 200 Jahren** begannen Briten mit der Besiedlung Australiens. Sie bilden heute die größte Bevölkerungsgruppe.
- **Viele der ersten Siedler** waren Menschen, die in Großbritannien wegen kleinerer Vergehen verurteilt und verbannt wurden.

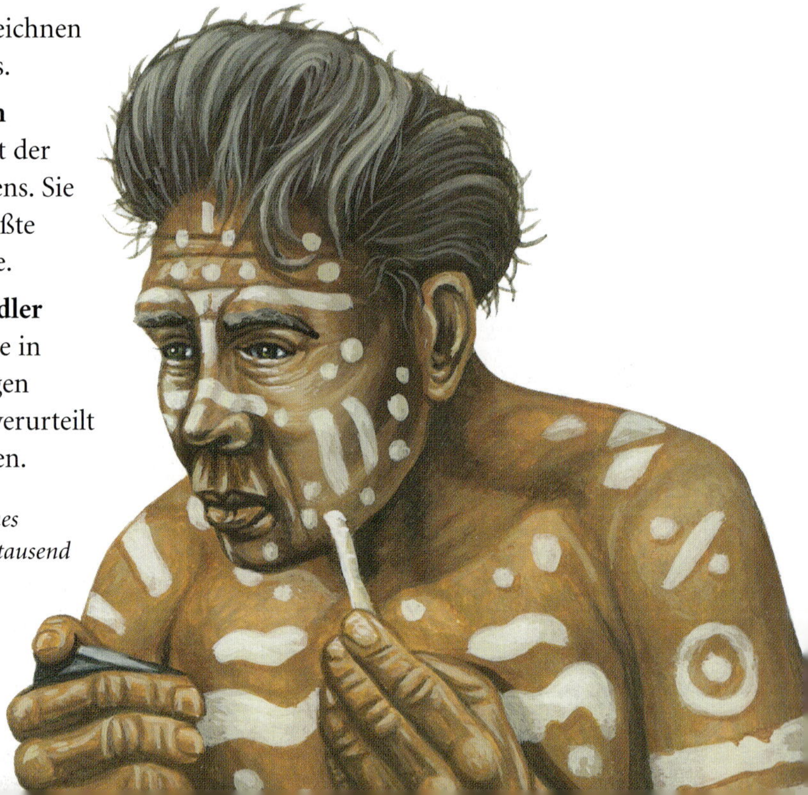

▶ *Die Kooris oder Aborigines verbreiteten sich vor vielen tausend Jahren über die Länder am Pazifik und waren wahrscheinlich auch die ersten Menschen in Amerika.*

- **Viele Australier** haben ihre Wurzeln auf den Britischen Inseln.
- **Die britischen Siedler** vertrieben die Aborigines von ihrem Land, und 60% von ihnen leben heute in Städten.
- **Nach schwierigen Auseinandersetzungen** wurden einige heilige Stätten der Aborigines an sie zurückgegeben und erhielten ihre alten Namen zurück. Der Ayers Rock heißt heute Uluru.
- **In jüngerer Zeit** kamen viele Einwanderer aus Südostasien und Griechenland.

▼ *Sydney ist Australiens größte und älteste Stadt. Die meisten Einwohner haben britische Vorfahren, aber hier leben auch andere Europäer, Asiaten und einige tausend Aborigines.*

Neuseeland

- **Hauptstadt:** Wellington. Fläche: 270.534 km². Währung: Neuseeland-Dollar. Sprache: Englisch.

...FASSZINIEREND!...
In Neuseeland gibt es 70 Mio. Schafe – 20 Schafe auf jeden Einwohner!

- **Höchster Berg:** Mount Cook (3.764 m). Längster Fluss: Waikato (425 km).

- **Einwohner:** 3,8 Mio. Bevölkerungsdichte: 14/km². Lebenserwartung: Männer 74,1 Jahre, 79,7 Jahre.
- **Bruttosozialprodukt:** 59,5 Mrd. Euro, 15.830 Euro pro Kopf.
- **Exportgüter:** Fleisch, Milch, Butter, Käse, Wolle, Fisch, Obst.
- **Neuseeland** war einer der Orte, der zuletzt von Menschen besiedelt wurde, und ist noch immer ein sauberes, schönes Land mit wogenden Feldern, dichten Wäldern und hohen Bergen.

- **Neuseeland** ist in erster Linie ein Agrarland mit Schwerpunkt auf Schaf- und Rinderzucht. 75 % der Exportgüter sind landwirtschaftliche Produkte.
- **Neuseeland** deckt 75 % seines Energiebedarfs aus Wasserkraft. Atomenergie wird nicht genutzt.

▲ *Neuseeland ist ein Ort mit unverdorbener Natur, und große Teile des Landes sind durch Nationalparks geschützt.*

- **Die ersten Bewohner** Neuseelands waren die Maoris, die um 800 n. Chr. ins Land kamen und heute 13% der Bevölkerung ausmachen. Die restlichen 87% sind überwiegend Nachfahren britischer Siedler, die im 19. und 20. Jhdt. kamen.

Pazifik-Inseln

▲ *Fidschi erscheint uns wie viele andere Pazifikinseln wie ein Paradies.*

- **Verstreut im Pazifik** gibt es zahllose Inseln – vielleicht 20.000 oder 30.000. Einige sind kaum größer als ein Felsen, andere sind einige tausend km^2 groß.
- **Die Pazifik-Inseln** werden manchmal insgesamt als Ozeanien bezeichnet, lassen sich aber in drei Gruppen einteilen: Melanesien, Mikronesien und Polynesien.
- **Zu Melanesien** gehören Neuguinea, die Solomon-Inseln, Neukaledonien, Vanuatu und Fidschi.

- **Mikronesien** umfasst 2.000 Inseln nördlich von Melanesien, u.a. Guam und die Marshalinseln.
- **Mikronesien** bedeutet „kleine Inseln“.
- **Polynesien** ist eine riesige Inselgruppe, dazu gehören u.a. Tahiti und die Osterinsel.
- **Polynesien** bedeutet „viele Inseln“.
- **Die meisten Pazifikinseln** sind entweder erloschene Vulkane oder Koralleninseln, die rund um einen Vulkangipfel entstanden sind.
- **Die meisten Insulaner** leben noch immer nach alter Tradition in kleinen Dörfern, aber westliche Einflüsse verändern das Leben auf den Inseln rapide.

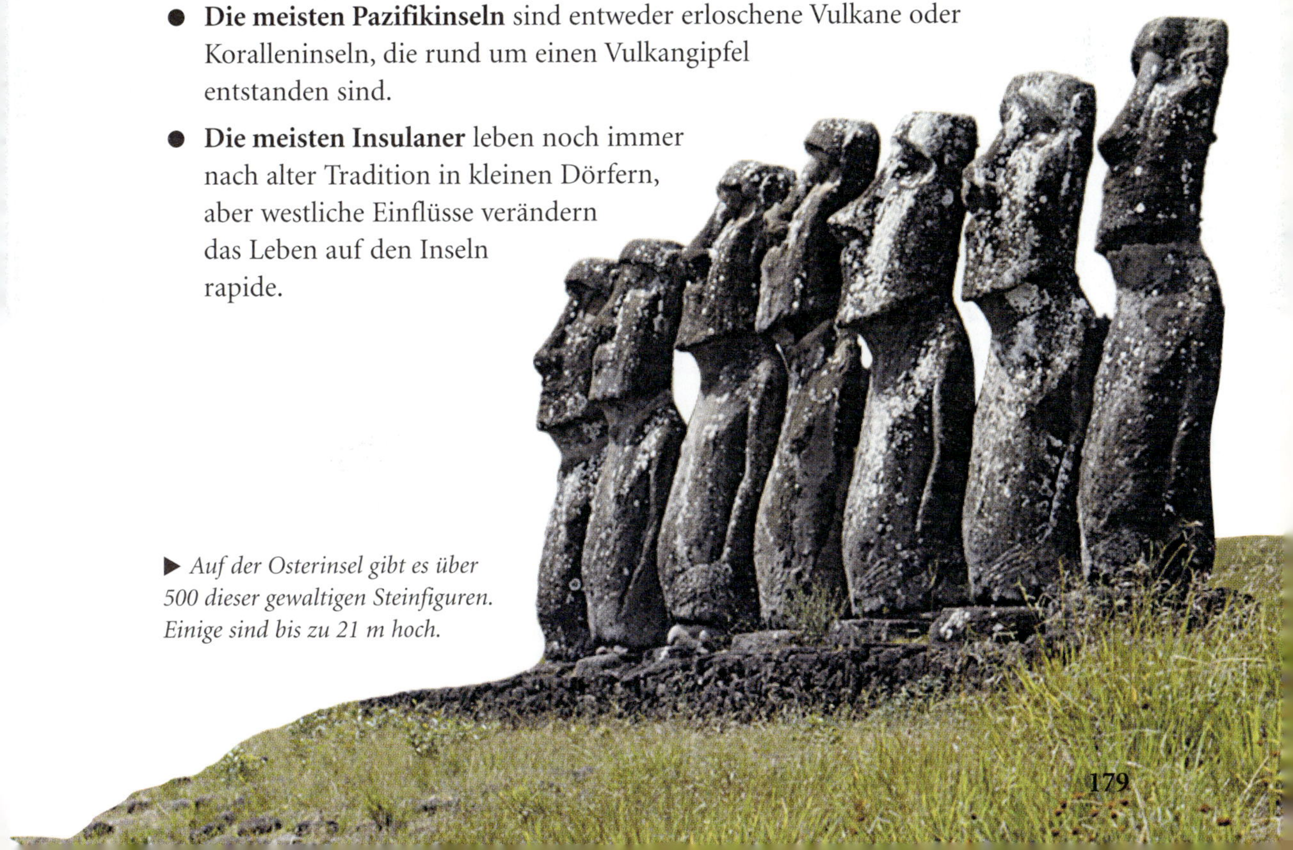

▶ *Auf der Osterinsel gibt es über 500 dieser gewaltigen Steinfiguren. Einige sind bis zu 21 m hoch.*

Antarktis

- **Die Antarktis** ist der fünftgrößte Kontinent, größer als Europa und Australien. 98 % seiner Fläche sind unter einer dicken Eisschicht verborgen.
- **In der Antarktis** leben nur wenige Menschen, meistens Wissenschaftler oder andere Spezialisten, die sich mit der Erforschung der einzigartigen Umwelt des Südpols beschäftigen.
- **Im Sommer** leben etwa 3.000 Menschen in der Antarktis, im Winter sind es weniger als 500.
- **Die größte Gemeinde** ist McMurdo, wo im Sommer 2.000 Menschen leben. Sie haben Cafés, ein Kino, eine Kirche und ein Atomkraftwerk.
- **Menschen und Versorgungsgüter** gelangen nur mit mächtigen Eisbrechern oder aus der Luft nach McMurdo.
- **McMurdo** wurde an dem Ort errichtet, von dem der Polarforscher Scott 1902 seine Südpolexpedition startete.

- **In der Antarktis** gibt es nur wenige nennenswerte Kupfer- und Chromerzvorkommen.
- **In der Antarktis** gibt es Kohle und Erdöl.
- **Im Antarktisvertrag** von 1961 haben 12 Länder vereinbart, die Antarktis unberührt zu belassen. Lediglich Forschung ist erlaubt.

◀ *Kaiserpinguine gehören zu den größten Lebewesen, die den bitterkalten antarktischen Winter überstehen können.*

Weltbevölkerung

- **1999** lebten über 6 Milliarden Menschen auf der Erde.
- **Jeden Tag** werden auf der Erde über eine Viertelmillion Babys geboren.
- **Die Weltbevölkerung** steigt jährlich um etwa 1,6 % an.
- **Die Weltbevölkerung** wird im Jahr 2020 ca. 10 Milliarden Menschen betragen.
- **Zwischen 1950 und 1990** verdoppelte sich die Weltbevölkerung von 2,5 auf 5 Milliarden.

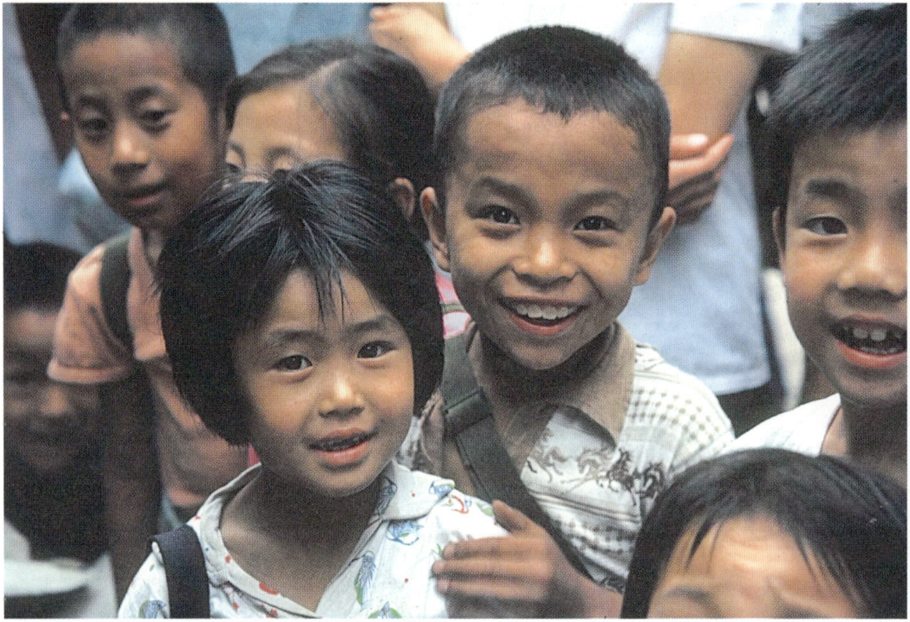

▲ *China setzt seine Bevölkerungspolitik auch im 21. Jhdt. fort. Ziel ist es, die Bevölkerungszahl bis 2010 unter 1,4 Milliarden zu halten.*

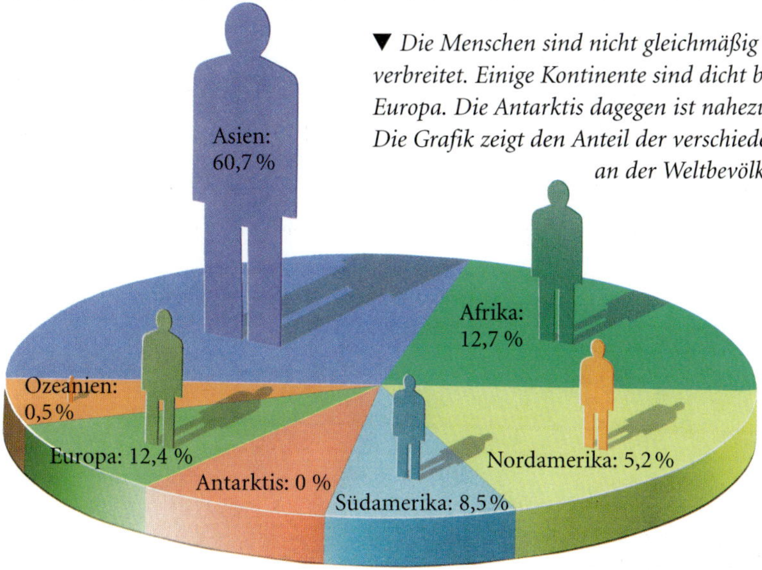

▼ *Die Menschen sind nicht gleichmäßig über die Erde verbreitet. Einige Kontinente sind dicht besiedelt, wie z.B. Europa. Die Antarktis dagegen ist nahezu unbesiedelt. Die Grafik zeigt den Anteil der verschiedenen Kontinente an der Weltbevölkerung.*

- **Während der 90er Jahre** des 20. Jhdts. wuchs die Weltbevölkerung um eine Milliarde. Im nächsten Jahrzehnt werden 1,5 Mrd. hinzukommen.
- **In Asien leben** ca. 60% der Weltbevölkerung, davon allein ca. 1,3 Mrd. in China und ca. 1 Mrd. in Indien.
- **Eine Frau in Spanien** bringt durchschnittlich 1,15 Babys zur Welt, im Jemen sind es 7,6.
- **In Lettland** kommen auf 100 Frauen 85,3 Männer, in Katar auf 100 Frauen 197,8 Männer.
- **In der entwickelten Welt** leben die Menschen länger. In Japan beträgt die durchschnittliche Lebenserwartung 80 Jahre, in Sierra Leone dagegen nur 37,2 Jahre.

Reich und arm

▲ *Teure Autos wie dieses werden oft als Statussymbol angesehen – Ausdruck des Wohlstands.*

- **Das reichste Land der Welt** sind die USA mit einem Bruttosozialprodukt von 8.650 Mrd. Euro (31.330 Euro pro Kopf). Aber Luxemburg hat ein noch höheres Bruttosozialprodukt pro Kopf – 45.320 Euro.

- **Das ärmste Land der Welt,** gemessen am Brottosozialprodukt pro Kopf, ist Sierra Leone. Das Durchschnittseinkommen beträgt dort 130 Euro pro Person, aber viele Menschen sind viel ärmer.
- **Die reichsten Länder der Welt** besitzen drei Viertel des Wohlstands der Welt, obwohl dort nur ein Viertel der Weltbevölkerung lebt.
- **Die meisten dieser reichen Länder** befinden sich auf der Nordhalbkugel der Erde, die meisten armen Länder im Süden. Deshalb spricht man vom Nord-Süd-Gefälle.
- **Eine Milliarde Menschen** leben in absoluter Armut. Sie haben kein richtiges Zuhause. In den Städten leben sie auf der Straße oder in Baracken. Sie haben selten genug zu essen und zu trinken.
- **In den 70er Jahren** des letzten Jahrhunderts ermutigten reichere Länder ärmere Länder wie Mexiko und Brasilien, sich Geld zu leihen, um neue Staudämme und Industrieanlagen zu bauen.
- **1999 zahlten arme Länder** 12 Euro an Schuldzinsen auf jeden Euro, den die reichen Länder für Entwicklungshilfe ausgaben.
- **Hunger** ist ein allgemeines Problem in den ärmeren Teilen der Welt geworden. Ein Grund dafür ist, dass immer mehr landwirtschaftliche Flächen für den Export genutzt werden, um mit den Einnahmen Schulden zu begleichen, so dass die Preise für Lebensmittel im eigenen Land immer mehr steigen.
- **250.000 Kinder sterben** in jeder Woche an Unterernährung.

...FASZINIEREND!...
Etwa eine halbe Milliarde Menschen hungern oder haben nicht genug zu essen.

Welthandel

- **Außenhandel** bedeutet Austausch von Waren und Dienstleistungen zwischen verschiedenen Ländern gegen Bezahlung.
- **Der Welthandel** ist so stark gewachsen, dass man von einer Globalisierung der Weltwirtschaft spricht.
- **Nur 200 riesige multinationale Gesellschaften** beherrschen den Großteil des Welthandels
- **Die Hälfte** des Welthandels wird von fünf Ländern beherrscht: USA, Deutschland, Japan, Frankreich und Großbritannien.
- **Die 23 reichsten Länder** der Welt kontrollieren 74% des Welthandels.

▲ *Öltanker transportieren Rohöl und Erdölprodukte. Supertanker können etwa 550.000 t Öl transportieren.*

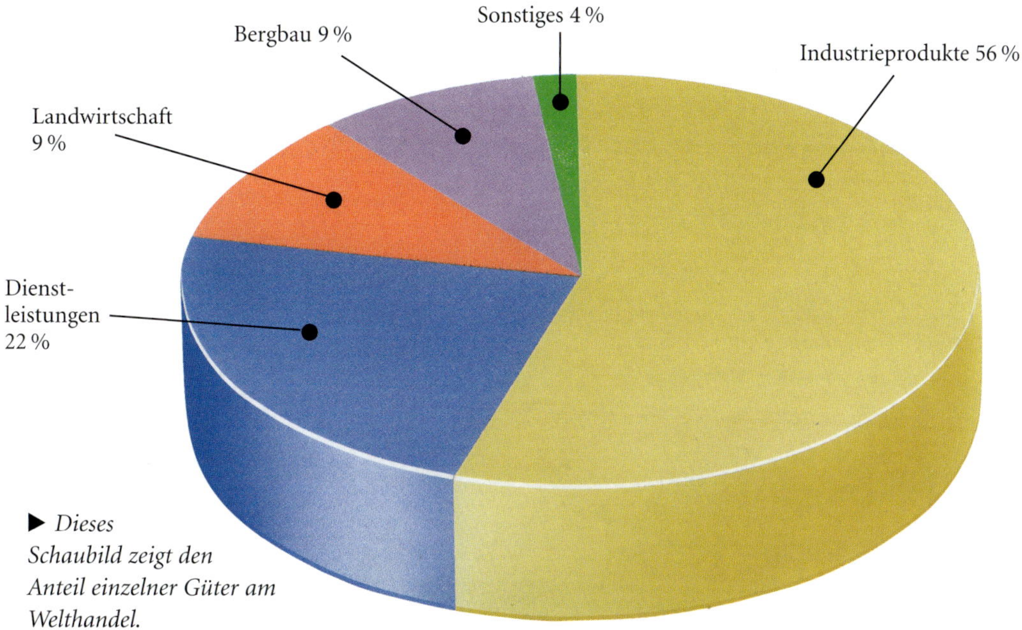

▶ *Dieses Schaubild zeigt den Anteil einzelner Güter am Welthandel.*

- **Die 40 ärmsten Länder** der Welt haben einen Anteil von nur 5 % am Welthandel.
- **Einige Länder** sind abhängig vom Handel mit nur einer einzigen Ware. Nigeria erzielt 98 % seiner Einnahmen aus Erdöl, Ghana 80 % aus dem Kakaohandel.
- **Einige Länder** wünschen sich „freien Handel“, d.h. Handel ohne jegliche Beschränkung. Andere, weniger mächtige Länder dagegen wollen ihre Wirtschaft durch Zölle und Steuern oder Quoten schützen.

Internationale Organisationen

- **Es gibt drei wichtige Arten** internationaler Organisationen: Regierungsorganisationen, wie die *Vereinten Nationen*, multinationale Gesellschaften und Nichtregierungs-Organisationen, wie das *Rote Kreuz* oder *Amnesty International.*
- **Die Vereinten Nationen** oder UN wurden nach dem Zweiten Weltkrieg zur Erhaltung des Weltfriedens gegründet. Die UN haben mehr als 160 Mitglieder.
- **Der Sitz** der Vereinten Nationen ist New York.
- **Alle Mitglieder** kommen in der Generalversammlung zusammen. Der UN-Sicherheitsrat hat fünf ständige Mitglieder (Russland, USA, China, Frankreich und Großbritannien), zehn nichtständige Mitglieder werden alle zwei Jahre gewählt.
- **Die UN** haben Unterorganisationen für bestimmte Bereiche: Kinder (UNICEF), Ernährung und Landwirtschaft (FAO), Gesundheit (WHO), Wissenschaften (UNESCO) und Atomenergie (IAEA).
- **Multinationale Konzerne** sind große Wirtschaftsunternehmen, die in verschiedenen Ländern tätig sind.
- **„Multis“** wie Coca-Cola und Kodak sind allgemein bekannt, weniger bekannt sind Firmen wie der Zigarettenhersteller Philip Morris.

▲ *Das Rote Kreuz ist der Flagge der Schweiz, der Heimat seines Gründers, entlehnt.*

▲ *Das Rote Kreuz wurde im 19. Jhdt. von dem Schweizer Henri Dunant gegründet, nachdem er Zeuge des blutigen Gemetzels in der Schlacht von Solferino (Italien) geworden war. Es spielt heute eine wichtige Rolle bei der Hilfe für Not leidende Menschen überall in der Welt.*

- **90 % des Weltgetreidehandels** sind in der Hand von sechs großen amerikanischen Konzernen.
- **Amnesty International** wurde 1961 gegründet, um Menschen zu unterstützen, die auf Grund ihrer politischen oder religiösen Weltanschauung verfolgt werden.

Politische Systeme

- **Demokratien** sind Länder, deren Regierungen in festgelegten Intervallen vom Volk gewählt werden.
- **Die meisten Demokratien** haben eine Verfassung, in der geregelt ist, wie zu regieren ist.

- **Demokratien** wie Frankreich sind Republiken, deren Staatsoberhaupt ein gewählter Präsident ist. In einigen Republiken, wie etwa den USA, hat der Präsident Regierungsgewalt, in anderen Ländern hat er lediglich repräsentative Funktionen, während das Land von einem Kanzler oder Premierminister regiert wird.
- **Konstitutionelle Monarchien** wie Großbritannien sind Länder mit einem König oder einer Königin , deren Macht begrenzt ist, während das Land von einer gewählten Regierung regiert wird.
- **In Autokratien** haben einzelne Personen oder kleine Gruppen alle Macht, z.B. wie in China oder Nordkorea.
- **Die meisten Regierungen** sind aufgeteilt in Legislative (Gesetzgebung), Exekutive (Verwaltung) und Judikative (Rechtswesen).

◀ *Elisabeth II. wurde mit 25 Jahren Königin von Großbritannien. Prinz Charles ist der Thronfolger.*

▶ *Bill Clinton war von 1992 bis 2000 Präsident der USA.*

- **Die meisten Länder** sind kapitalistisch, d.h. die meisten Dinge (Kapital) sind im Besitz Einzelner oder kleiner Gruppen.
- **Einige wenige Länder,** wie Kuba, sind kommunistisch, d.h. die meisten Dinge sind in Besitz des Staates.
- **Sozialisten** vertreten die Auffassung, dass die Regierung dafür sorgen muss, dass alle die gleichen Rechte und Anspruch auf Gesundheit, Ausbildung und Wohnung haben.
- **Faschisten** glauben an strenge Disziplin und dass ihr Land über anderen steht, wie Deutschland unter Adolf Hitler. Heute gibt es kein offen faschistisches Land auf der Erde.

▶ *Der Führer der Labour-Partei, Tony Blair, wurde 1997 zum britischen Premierminister gewählt.*

Weltreligionen

▲ *Pilger in Mekka, der heiligen Stadt des Islam.*

- **Das Christentum** ist mit 1,5 Mrd. Anhängern die größte Weltreligion. Christen glauben an den Erlöser Jesus Christus, der vor 2.000 Jahren in Israel lebte. Christus war, so glauben sie, der Sohn Gottes. Nach seiner Kreuzigung stand er wieder von den Toten auf und fuhr in den Himmel auf.
- **Der Islam** ist mit 1,3 Mrd. Anhängern die zweitgrößte Religion. Er wurde im 7. Jhdt. n. Chr. von Mohammed gegründet, dem, wie die Muslime glauben, letzten, größten, von Allah (arabisch für Gott) gesandten Propheten. Das Wort Islam bedeutet Gehorsam, und Muslime glauben, sie müssen Gott bedingungslos gehorchen und nach dem Heiligen Buch, dem Koran, leben. Der Islam hat zwei Glaubensrichtungen: Sunniten und Schiiten.
- **Der Hinduismus** ist 4.000 Jahre alt. Hindus verehren viele Götter, aber alle glauben an Dharma, den richtigen Weg zu leben. Hindus glauben an die Wiedergeburt und dass sie diesen Kreislauf nur beenden können, indem sie dem Weg des Dharmas folgen.
- **Das Christentum** ist in drei Gruppierungen gespalten: Katholiken, deren Oberhaupt der Papst in Rom ist, Protestanten und die Orthodoxe Kirche.
- **Buddhismus** ist die Religion von 300 Mio. Asiaten. Sie basiert auf der Lehre des Prinzen Siddhartha Gautama, der von 563 bis 483 v. Chr. in Indien lebte.

... **FASZINIEREND!** ...
Der heilige Text der Hindus, das Mahabharata, ist mit etwa 200.000 Versen das längste Gedicht der Welt.

▶ *Jede der großen Religionen findet sich konzentriert in einem bestimmten Bereich der Erde. Der Islam z.B. hauptsächlich in Westasien, im Mittleren Osten und Nordafrika. Hinduismus ist die größte Religion in Indien. Buddhismus wird in Südostasien praktiziert. Das Christentum ist die Ausnahme. Die meisten Christen leben zwar in Europa, Australien und in Nord- und Südamerika, aber die Religion wurde von europäischen Kolonisten und Missionaren über die ganze Welt verbreitet.*

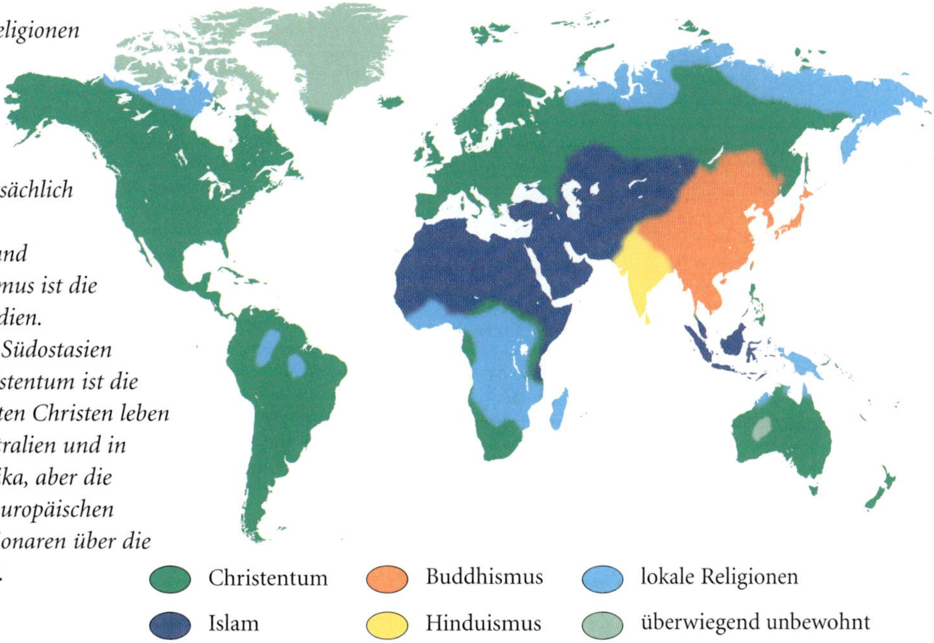

- **Die Juden** waren die Ersten, die vor über 4.000 Jahren an einen einzigen Gott glaubten, den sie Jahwe nannten. Mehr als 11 Mio. Juden leben außerhalb und 3,5 Mio. innerhalb Israels.
- **Die meisten Weltreligionen,** außer dem Hinduismus, sind monotheistisch, d.h. sie haben nur einen Gott.
- **Drei Millionen Muslime** pilgern jedes Jahr in die heilige Stadt Mekka in Saudi-Arabien.

Gesundheit und Bildung

- **Dem medizinischen Fortschritt,** besserer Ernährung und Hygiene haben viele Menschen ein besseres Leben zu verdanken.
- **1950** betrug die durchschnittliche Lebenserwartung auf der Welt nur 40 Jahre, heute sind es über 63 Jahre.
- **In reichen Ländern** ist die Lebenserwartung höher. Japaner werden durchschnittlich 80, Schweizer 78 Jahre alt.
- **In armen Ländern** ist die durchschnittliche Lebenserwartung viel niedriger. In Sierra Leone beträgt sie 37,2, in Malawi 39,3 Jahre.
- **Impfprogramme** haben die Auswirkungen einiger Krankheiten deutlich reduziert. 1977 hielt man die Pocken für ausgerottet.
- **Einige Krankheiten** sind in den ärmeren Teilen der Welt auf dem Vormarsch. Viele Afrikaner sterben an AIDS.
- **In armen Ländern** wie Afghanistan und Sierra Leone führen Krankheiten, Hunger und Durst und schlechte Gesundheitsvorsorge dazu, dass eines von vier Kindern keine fünf Jahre alt wird.

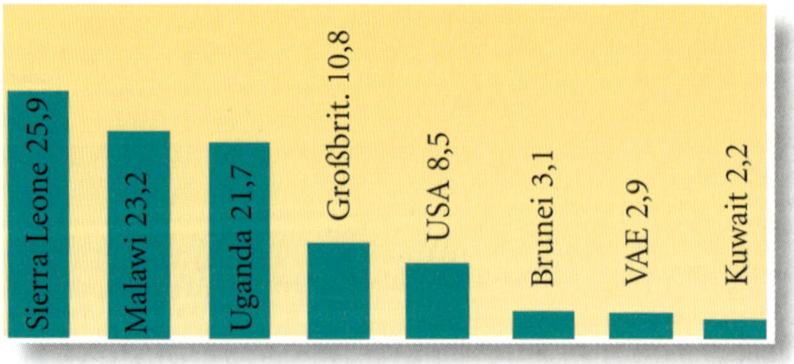

◀ *Die Sterberate pro 1.000 Einwohner reicht von über 20 in vielen afrikanischen Ländern bis weniger als 3 in vielen arabischen Ländern am Golf.*

- **In den USA und Europa** stirbt weniger als ein Kind von hundert, bevor es fünf Jahre alt wird.
- **In wohlhabenden Ländern,** wie den USA und Japan, kommt durchschnittlich ein Arzt auf 400 Menschen.
- **In den meisten** armen afrikanischen Ländern kommt ein Arzt auf 50.000 Einwohner.

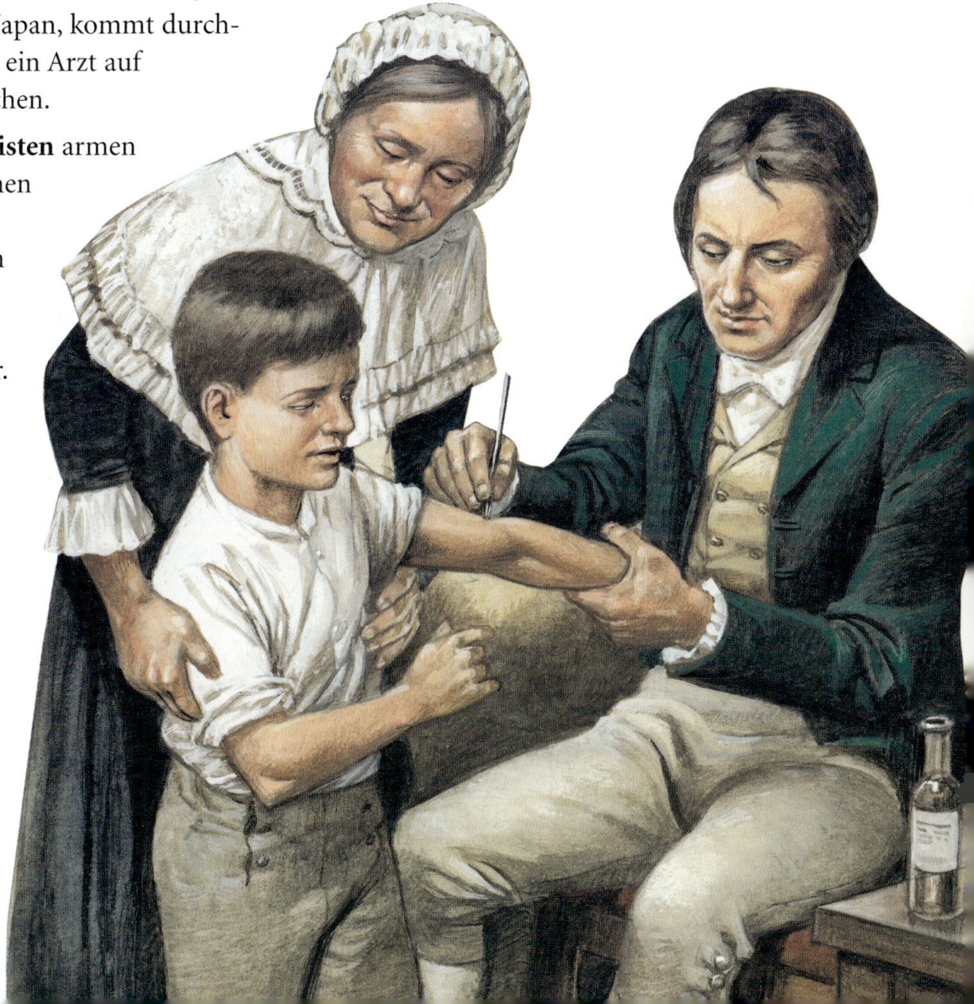

▶ *Die erste Schutzimpfung – gegen Pocken – wurde 1796 von Edward Jenner durchgeführt.*

Energie

- **Wir verbrauchen** heute hundertmal so viel Energie wie vor 200 Jahren.
- **Europa, Nordamerika und Japan** verbrauchen 70% der Energie, obwohl dort nur ein Viertel aller Menschen lebt.
- **Fossile Brennstoffe** wie Kohle, Öl und Erdgas entstanden vor vielen Millionen Jahren aus organischem Material und decken 90% des Weltenergiebedarfs.
- **Fossile Brennstoffe** verschmutzen die Atmosphäre und verursachen Gesundheitsprobleme, Sauren Regen und die Globale Erwärmung.

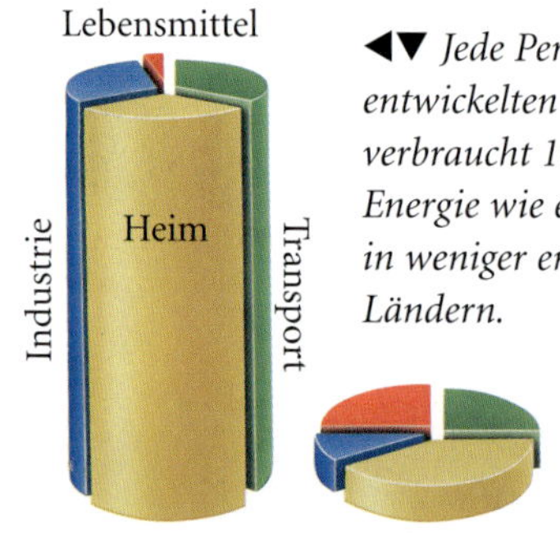

Energieverbrauch in entwickelten Ländern

Energieverbrauch in weniger entwickelten Ländern

◄▼ *Jede Person in den entwickelten Ländern verbraucht 10-mal so viel Energie wie eine Person in weniger entwickelten Ländern.*

- **Fossile Brennstoffe** sind nicht erneuerbar, d.h. sie können nur einmal genutzt werden. Gemessen am heutigen Verbrauch werden die Vorkommen an Kohle und Erdöl in 60 Jahren und an Erdgas in 220 Jahren erschöpft sein.
- **Erneuerbare Energien** wie Wasser-, Wellen- und Windkraft und Sonnenenergie gehen nicht aus.
- **Alternative Energien** stammen aus anderen Quellen als fossile und Atomenergie. Sie sollten erneuerbar und sauber sein.
- **Die Sonne** versorgt die Erde Jahr für Jahr mit so viel Energie wie 500 Billionen Barrel Erdöl, das entspricht dem Tausendfachen der Ölreserven der Welt, die zurzeit nur zu einem geringen Teil genutzt werden. Genutzt wird die Sonnenenergie nur zu einem winzigen Bruchteil. Sie deckt gerade 0,01% unseres Energiebedarfs.

... FASZINIEREND! ...
Ein Amerikaner verbraucht 340-mal so viel Energie wie ein Äthiopier.

Mit fast 40 % Anteil ist Öl unsere wichtigste Energiequelle. Die größten Vorkommen gibt es am Kaspischen Meer und im Mittleren Osten.

Kohle deckt noch fast 30 % des Weltenergiebedarfs. Zwei Drittel der Weltvorkommen sind in China, Russland, den USA, Indien und Australien.

Holz und getrockneter Tierdung (Biomasse) sind Hauptbrennstoff für die halbe Weltbevölkerung. In einigen ärmeren Ländern machen sie 90 % aus.

Erdgas deckt über 20 % des Energiebedarfs und sein Anteil steigt. Die größten Reserven sind in Russland, den USA und Kanada.

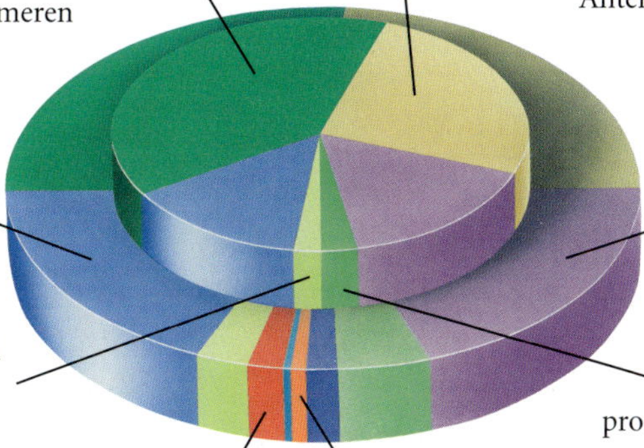

7 % der Weltenergie wird durch Nutzung von Wasserkraft gewonnen.

Atomenergie macht 5 % der Energieproduktion aus. Größte Produzenten sind Frankreich, die USA und Russland.

Geothermische Energie nutzt die Hitze im Erdinnern, entweder als Heißwasser oder Dampf für die Stromgewinnung. Ihr Anteil ist im Steigen begriffen.

Wind-, Wellen- und Sonnenenergie haben einen Anteil von 5 %, der langsam, aber stetig steigt.

▲ *Das Tortendiagramm in der Mitte zeigt, welchen Anteil an der Weltenergie die verschiedenen Quellen haben. Der obere Kreis zeigt die Verhältnisse vor zehn Jahren, der untere die aktuellen Zahlen. Man sieht, dass der Verbrauch an Biomasse gestiegen ist.*

Landwirtschaft

- **Nur 11 % der Erdoberfläche** sind landwirtschaftlich nutzbar, das entspricht 13 Mrd. ha. Der Rest ist entweder zu feucht, zu trocken, zu kalt oder enthält nicht genügend Nährstoffe.
- **Europa** hat mit 36 % den größten Anteil an fruchtbaren Flächen. Etwa 31 % werden genutzt.
- **In Nordamerika** sind 22 % des Landes fruchtbar, aber nur 13 % werden heutzutage genutzt. Erstaunlicherweise sind 16 % des Landes in Afrika fruchtbar, genutzt werden aber nur 6 %.
- **Südasien** ist so überbevölkert, dass 24 % der Fläche landwirtschaftlich genutzt werden, obwohl nur 20 % fruchbar sind.
- **Überall auf der Welt** wird Milchvieh auf Grünland gehalten, um Milch, Butter und Käse zu produzieren.
- **Es gibt Betriebe**, die sowohl Ackerbau als auch Viehzucht betreiben, wie etwa im Maisgürtel der USA, wo Mais als Futter für Schweine und Kühe angebaut wird.
- **Wanderackerbau** bedeutet, dass Ackerbauflächen nur eine begrenzte Zeit lang genutzt werden. Bevor der Boden ausgelaugt ist, „wandert" der Bauer weiter zu einer anderen, fruchtbareren Fläche.
- **Wanderackerbau** wird in den Wäldern Lateinamerikas, in Afrika und in Südostasien praktiziert.

▲ *Landwirtschaft ist heute manchenorts eine hoch technisierte Industrie, in Südostasien wird sie oft noch betrieben wie vor Tausenden von Jahren.*

▶ *Die meisten Nahrungsmittel werden auf der Nordhalbkugel der Erde und in Asien angebaut. Asien ist der Hauptproduzent von Weizen, Reis, Süßkartoffeln, Hirse und Hülsenfrüchten, wie Bohnen. 90% der Weltproduktion an Reis und Süßkartoffeln werden in Asien angebaut, Mais zu 50% in Nordamerika und Kartoffeln zu 40% in Europa.*

FASZINIEREND!

Es gibt auf der Erde doppelt so viele Nutztiere wie Menschen – über 14 Milliarden.

Register

A

B

C

D

E

F

Register

G

H

I

J

K

L

Register

O

P

Q

R

Register

S

T

U

V

W

Y

Z

Danksagung

Der Verlag bedankt sich bei den folgenden Künstlern
für ihre Beiträge zu diesem Buch:

Nicholas Forder, Mike Foster, Terry Gabbey, Jeremy Gower, Rob Jakeway, John James, Kevisn Madison, Terry Riley, Martin Sanders, Mike Saunders, Rob Sheffield, Mike White, John Woodcock

Der Verlag bedankt sich für die Zurverfügungstellung ihrer Fotos bei:

CORBIS: Seite 12 Catherine Karnow; Seite 47 Jeffrey L. Rotman; Seite 76 Adrian Arbib; Seite 116 Hanan Isachar; Seite 150 Eye Ubiquitous

Alle anderen Abbildungen stammen aus dem Miles Kelly Archiv.